국어왕 속담

따라 쓰기

상상의집

속담을 따라 쓰면 국어 공부가 저절로!

이 책은 많은 독자들에게 사랑 받아 온 〈속담이 백 개라도 꿰어야 국어왕 1,2〉에 나오는 속담 100개를 직접 따라 쓰면서 그 의미를 되새기고, 한글 맞춤법과 예쁜 글씨체를 익히도록 구성했습니다.

속담에는 옛 조상들의 지혜와 가르침이 간결하게 담겨 있습니다. '말'의 위력을 구구절절 설명하는 것보다 '발 없는 말이 천 리 간다', '낮말은 새가 듣고 밤말은 쥐가 듣는다', '말 한 마디에 천 냥 빚도 갚는다'라는 속담을 인용하는 것이 훨씬 효과적이지요. '속담이 백 개라도 꿰어야 국어왕'이라는 제목 또한 속담을 상황에 맞게 적절하게 사용할 수 있어야 값어치가 있다는 의미를 담고 있는데, 이는 '구슬이 서 말이라도 꿰어야 보배'라는 실제 속담을 응용한 것입니다.

속담에는 교훈과 풍자를 담기 위한 많은 비유법이 사용되었습니다. 비유란, 어떤 현상이나 사물을 직접 설명하지 아니하고 다른 비슷한 현상이나 사물에 빗대어서 설명하는 일을 말하지요. '호수 같은 눈'처럼 직접 빗대어 설명하기도 하고, '내 마음은 호수요'처럼 두 사물의 공통점을 찾아 둘을 같다고 표현하기도 합니다. 속담이 오랫동안 많은 사람들에게 사용되어 온 것은 이러한 비유가 놀라울 정도로 잘 들어맞기 때문입니다. '고래 싸움에

새우 등 터진다'에서 '고래'는 '강자'를, '새우'는 '약자'를 뜻하고 '지렁이도 밟으면 꿈틀한다'에서는 '미물'인 지렁이와 '남에게 억눌림만 받고 있는 하찮은 사람'이 유추관계로 맺어지면서 '아무리 보잘것없는 인간이라도 지나치게 억누르면 반항한다'라는 의미를 갖지요.

비유법을 이해하는 것은 국어 공부의 핵심입니다. 성경이나 이솝 우화, 탈무드, 셰익스피어 4대 비극 등 많은 고전들에 비유가 녹아 있고, 문학의 갈래 중 하나인 시는 비유와 상징으로 이루어져 있으니까요. 국어뿐 아니라 과학에도 비유가 쓰여요. 하늘을 날아다니다 천천히 땅에 떨어지는 민들레씨를 본떠 낙하산을 발명하고, 문어의 빨판을 본떠 칫솔걸이의 압착고무를 만들지요. 그뿐인가요? 우리가 흔히 만나는 TV 광고나 개그 프로그램의 의미를 이해하기 위해서는 그 속에 담긴 비유를 읽어 내야 해요.

이 책은 속담을 따라 쓰면서 비유를 이해하고, 비유를 바꾸어 뜻이 같은 다른 속담을 만들어 봄으로써 그 의미를 체득하도록 하였습니다. 어휘력, 창의력 발달은 물론 풍부한 정서와 아름다운 가치를 몸소 익힘으로써 '꿩 먹고 알 먹는' 식의 학습 효과를 기대할 수 있습니다.

차례

ㅅ

62. 사공이 많으면 배가 산으로 간다
63. 사람은 죽으면 이름을 남기고 범은 죽으면 가죽을 남긴다
64. 사촌이 땅을 사면 배가 아프다
65. 서당 개 삼 년이면 풍월을 읊는다
66. 세 살 버릇 여든까지 간다
67. 소 뒷걸음질 치다 쥐 잡기
68. 소 잃고 외양간 고친다
69. 쇠뿔도 단김에 빼랬다
70. 수박 겉 핥기
71. 식은 죽 먹기
72. 신선놀음에 도낏자루 썩는 줄 모른다
73. 쏘아 놓은 화살이요 엎지른 물이다

ㅇ

74. 아니 땐 굴뚝에 연기 나랴
75. 아닌 밤중에 홍두깨
76. 어물전 망신은 꼴뚜기가 시킨다
77. 열 번 찍어 아니 넘어가는 나무 없다
78. 오르지 못할 나무는 쳐다보지도 마라
79. 우물을 파도 한 우물을 파라
80. 울며 겨자 먹기
81. 원수는 외나무다리에서 만난다
82. 원숭이도 나무에서 떨어진다
83. 윗물이 맑아야 아랫물이 맑다
84. 이 없으면 잇몸으로 산다
85. 입이 열 개라도 할 말이 없다

ㅈ

86. 자라 보고 놀란 가슴 솥뚜껑 보고 놀란다
87. 자랄 나무는 떡잎부터 알아본다
88. 작은 고추가 더 맵다
89. 재주는 곰이 넘고 돈은 주인이 받는다
90. 제 눈에 안경이다
91. 제비는 작아도 강남 간다
92. 좋은 약은 입에 쓰다
93. 중이 절 보기 싫으면 떠난다
94. 쥐구멍에도 볕 들 날 있다
95. 짚신도 제짝이 있다

ㅊ

96. 천 리 길도 한 걸음부터

ㅋ

97. 콩으로 메주를 쑨다 하여도 곧이듣지
　　않는다

ㅌ

98. 티끌 모아 태산

ㅍ

99. 피는 물보다 진하다

ㅎ

100. 하늘이 무너져도 솟아날 구멍이 있다

1 가는 말이 고와야 오는 말이 곱다

내가 상대에게 말이나 행동을 좋게 하여야 상대도 나를 좋게 대한다는 말이에요. 내가 친구를 욕하거나 하찮게 대하면 친구도 나를 함부로 대할 테고 내가 친구를 칭찬하면 친구도 나를 존중할 거예요.

 속담 속 '비유'를 생각하며 따라 써 보세요.

가	는		말	이		고	와	야		오	는	V
말	이		곱	다	.							
가	는		말	이		고	와	야		오	는	
말	이		곱	다	.							

 속담 속 '비유'를 생각하며 빈칸에 맞춰 써 보세요.

가는 말이 고와야 오는 말이 곱다.

 속닥속닥 속담

비슷한 속담에는 '가는 떡이 커야 오는 떡이 크다', '가는 정이 있어야 오는 정이 있다', '엑 하면 떡 한다.' 등이 있어요.

속담 속 '비유'가 바뀌면 어떻게 될까요? 따라 써 보세요.

 '가다 – 오다'를 '주다 – 받다'로 바꾸어 따라 쓰기

가는 말이 고와야 오는 말이 곱다.

주는 사랑이 커야 받는 사랑이 크다.

주는 사랑이 커야 받는 사랑이 크다.

 '말'을 다른 단어로 바꾸어 따라 쓰기

가는 말이 고와야 오는 말이 곱다.

가는 선물이 좋아야 오는 선물이 좋다.

가는 선물이 좋아야 오는 선물이 좋다.

TIP '말'을 '밥'으로 바꾸면 어떻게 될까요? '가는 밥이 많아야 오는 밥이 많다' 정도가 되겠지요?

2 가는 날이 장날이다

일을 보러 가니 공교롭게 장이 서는 날이라는 뜻으로, 어떤 일을 하려고 하는데 뜻하지 않은 일을 공교롭게 당함을 뜻하는 말이에요.

 속담 속 '비유'를 생각하며 따라 써 보세요.

가	는		날	이		장	날	이	다	.	
가	는		날	이		장	날	이	다	.	

 속담 속 '비유'를 생각하며 빈칸에 맞춰 써 보세요.

가는 날이 장날이다.

속닥속닥 속담

옛날에는 버스나 전철, 전화, 휴대폰 등이 없고 장도 5일 간격으로 열리고는 했어요. 오랜 시간을 걸어 친구 집에 갔는데 마침 장날이라 친구가 장에 나가고 없을 때 '가는 날이 장날'이라는 표현을 쓸 수 있겠죠? 비슷한 속담에는 '가는 날이 생일' 등이 있어요.

3 가지 많은 나무에 바람 잘 날 없다

가지가 많고 잎이 무성한 나무는 살랑거리는 바람에도 잎이 흔들려서 잠시
도 조용한 날이 없다는 뜻으로, 자식을 많이 둔 부모에게는 근심, 걱정이 하
루도 끊일 날이 없음을 이르는 말이에요.

 속담 속 '비유'를 생각하며 따라 써 보세요.

가	지		많	은		나	무	에		바	람	V
잘		날		없	다	.						
가	지		많	은		나	무	에		바	람	
잘		날		없	다	.						

 속담 속 '비유'를 생각하며 빈칸에 맞춰 써 보세요.

가지 많은 나무에 바람 잘 날 없다.

속닥속닥 속담

'나무'는 부모님을 뜻하고 나무에서 뻗어 나온 '가지와 잎'은 '자식'을 뜻해요.
'자다'는 바람이나 물결 따위가 잠잠해진다는 뜻이지요.

11

4 가랑잎이 솔잎더러 바스락거린다고 한다

더 바스락거리는 가랑잎이 솔잎을 나무란다는 뜻으로, 자기의 허물은 생각하지 않고 남의 허물만 탓하는 경우를 이르는 말이에요.

 속담 속 '비유'를 생각하며 따라 써 보세요.

가	랑	잎	이		솔	잎	더	러		바	스
락	거	린	다	고		한	다	.			
가	랑	잎	이		솔	잎	더	러		바	스
락	거	린	다	고		한	다	.			

속담 속 '비유'를 생각하며 빈칸에 맞춰 써 보세요.

가랑잎이 솔잎더러 바스락거린다고 한다.

속닥속닥 속담

비슷한 속담에는 '방귀 뀐 놈이 성낸다', 비슷한 한자성어에는 '적반하장(賊反荷杖)'이 있어요. 도둑이 도리어 몽둥이를 든다는 뜻으로, 잘못한 사람이 도리어 잘한 사람을 나무라는 경우를 이르는 말이에요.

속담 속 '비유'가 바뀌면 어떻게 될까요? 따라 써 보세요.

 같은 뜻의 다른 속담 따라 쓰기

| 가랑잎이 솔잎더러 바스락거린다고 한다. |

① 겨울바람이 봄바람보고 춥다고 한다.

겨울바람이 봄바람보고 춥다고 한다.

TIP 겨울바람은 봄바람보다 춥기 마련인데 제 허물은 보지 못하고 봄바람을 춥다고 나무라네요.

② 똥 묻은 개가 겨 묻은 개 나무란다.

똥 묻은 개가 겨 묻은 개 나무란다.

TIP 겨는 벼, 보리 등의 곡식을 찧어 벗겨 낸 껍질을 통틀어 이르는 말이에요. 똥 묻은 개는 겨 묻은 개보다 더러운데 자기는 더 큰 흉이 있으면서 남의 작은 흉을 보고 있네요.

5 간에 붙었다 쓸개에 붙었다 한다

제 이익을 쫓아 지조 없이 이편에 붙었다 저편에 붙었다 하는 상황을 빗댄 말이에요.

 속담 속 '비유'를 생각하며 따라 써 보세요.

간	에		붙	었	다		쓸	개	에		붙
었	다		한	다	.						
간	에		붙	었	다		쓸	개	에		붙
었	다		한	다	.						

✎ 속담 속 '비유'를 생각하며 빈칸에 맞춰 써 보세요.

간에 붙었다 쓸개에 붙었다 한다.

 속닥속닥 속담

간과 쓸개는 옆에 붙어 있는 신체 기관이에요. '간에 붙었다 쓸개에 붙었다 한다'를 '간에 붙었다 몸에 붙었다 한다'로 바꾸면 어떻게 될까요? 간은 몸속 기관 중 하나이니 이편과 저편으로 나누어지지 않는답니다.

속담 속 '비유'가 바뀌면 어떻게 될까요? 따라 써 보세요.

 '간 – 쓸개'를 '청군 – 백군'으로 바꾸어 따라 쓰기

간에 붙었다 쓸개에 붙었다 한다.

청군에 붙었다 백군에 붙었다 한다.

청군에 붙었다 백군에 붙었다 한다.

 '간 – 쓸개'를 '날짐승 – 길짐승'으로 바꾸어 따라 쓰기

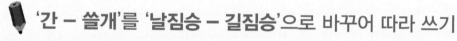
간에 붙었다 쓸개에 붙었다 한다.

날짐승에 붙었다 길짐승에 붙었다 한다.

날짐승에 붙었다 길짐승에 붙었다 한다.

TIP 날짐승은 날아다니는 동물을 통틀어 이르는 말이에요. 길짐승은 기어 다니는 동물을 통틀어 이르는 말이지요.

6 개구리 올챙이 적 생각 못한다

지난날 형편이 어려웠던 사람이 지위가 높아지면 어려웠을 때의 일을 잊어
버리기 쉽다는 뜻이에요.

 속담 속 '비유'를 생각하며 따라 써 보세요.

개	구	리		올	챙	이		적		생	각	∨
못	한	다	.									
개	구	리		올	챙	이		적		생	각	
못	한	다	.									

✎ 속담 속 '비유'를 생각하며 빈칸에 맞춰 써 보세요.

개구리 올챙이 적 생각 못한다.

속닥속닥 속담

올챙이는 뒷다리와 앞다리가 나오고 꼬리가 쏙 들어가면서 개구리가 돼요. 개구리가 되고 난 뒤 올챙이
시절을 까맣게 잊었다는 것은 형편이나 사정이 전에 비하여 나아진 사람이 지난날 어렵던 때의 일을 생
각지 아니하고 처음부터 잘난 듯이 뽐냄을 이르는 말이에요.

속담 속 '비유'가 바뀌면 어떻게 될까요? 따라 써 보세요.

 '개구리 – 올챙이'를 '어미 닭 – 병아리'로 바꾸어 따라 쓰기

개구리 올챙이 적 생각 못한다.

어미 닭 병아리 적 생각 못한다.

어미 닭 병아리 적 생각 못한다.

TIP '어미 소-송아지', '나비-애벌레'로 바꿀 수도 있어요.

 '개구리 – 올챙이'를 '임금님 – 왕자님'으로 바꾸어 따라 쓰기

개구리 올챙이 적 생각 못한다.

임금님 왕자님 적 생각 못한다.

임금님 왕자님 적 생각 못한다.

TIP 임금은 한 나라의 우두머리를 뜻해요. 왕자는 임금의 아들을 뜻하는 말로, 군주 국가에서는 왕자가 임금이 되는 경우
가 대부분이었어요.

7 개미구멍이 둑을 무너뜨린다

둑은 하천이나 바닷물이 넘치는 것을 막기 위하여 설치하는 큰 구축물이에요. 작은 개미구멍이 큰 둑을 무너뜨린다는 것은 작은 결점을 그냥 두었다가 나중에 큰일을 망친다는 뜻이지요.

 속담 속 '비유'를 생각하며 따라 써 보세요.

개	미	구	멍	이		둑	을		무	너	뜨
린	다	.									
개	미	구	멍	이		둑	을		무	너	뜨
린	다										

속담 속 '비유'를 생각하며 빈칸에 맞춰 써 보세요.

개미구멍이 둑을 무너뜨린다.

속닥속닥 속담

중국 고대의 사상가인 한비가 지은 <한비자>에는 "천 길 높이의 큰 둑도 개미구멍이 커져서 무너지는 것이며, 백 척 높이의 큰 집도 굴뚝 아궁이에서 시작된 불이 원인이 돼 잿더미로 변하는 것이다"라는 글이 있어요. 큰일이 일어나기 전에는 반드시 조짐이 있으니 이에 눈과 귀를 기울여야 한다는 뜻이에요.

속담 속 '비유'가 바뀌면 어떻게 될까요? 따라 써 보세요.

 '개미구멍 – 둑'을 '바늘구멍 – 공든 탑'으로 바꾸어 따라 쓰기

개미구멍이 둑을 무너뜨린다.

바늘구멍이 공든 탑을 무너뜨린다.

바늘구멍이 공든 탑을 무너뜨린다.

TIP '공든 탑'은 정성과 노력을 많이 들여 만든 탑을 말해요.

 '개미구멍 – 둑'을 '실금 – 유리그릇'으로 바꾸어 따라 쓰기

개미구멍이 둑을 무너뜨린다.

실금이 유리그릇을 깨뜨린다.

실금이 유리그릇을 깨뜨린다.

TIP 실금은 그릇 따위가 깨지거나 터져서 생긴 가느다란 금을 말해요.

8 고래 싸움에 새우 등 터진다

고래 싸움에 먹이인 새우가 중간에 끼어 다치고 말았어요. 이 속담은 강한 사람들끼리 싸우는데 아무 상관도 없는 약한 사람이 중간에서 피해를 입는다는 뜻이에요.

 속담 속 '비유'를 생각하며 따라 써 보세요.

고	래		싸	움	에		새	우		등	
터	진	다	.								
고	래		싸	움	에		새	우		등	
터	진	다	.								

속담 속 '비유'를 생각하며 빈칸에 맞춰 써 보세요.

고래 싸움에 새우 등 터진다.

속닥속닥 속담

반대로 둘의 싸움에 엉뚱한 제3자가 덕을 본다는 뜻의 한자성어에는 '어부지리(漁夫之利)'가 있어요. 조개와 황새가 싸우는데 어부가 둘 모두를 잡아갔다는 이야기에서 유래한 말이지요.

속담 속 '비유'가 바뀌면 어떻게 될까요? 따라 써 보세요.

 '고래 – 새우'를 '강대국 – 약소국'으로 바꾸어 따라 쓰기

고래 싸움에 새우 등 터진다.

강대국 싸움에 약소국 등 터진다.

강대국 싸움에 약소국 등 터진다.

TIP 병력이 강하고 영토가 넓어 힘이 센 나라를 강대국이라고 해요. 정치·경제·군사적으로 힘이 약한 작은 나라를 약소국이라고 하지요.

 '고래 – 새우'를 '벼슬아치 – 백성'으로 바꾸어 따라 쓰기

고래 싸움에 새우 등 터진다.

벼슬아치 싸움에 백성 등 터진다.

벼슬아치 싸움에 백성 등 터진다.

9 고생 끝에 낙이 온다

'고생 끝에 낙이 온다'에서 '낙'은 한자로 즐길 낙(樂)을 말해요. 어려운 일이나 괴로운 일을 겪고 나면 즐겁고 좋은 일도 있다는 뜻이지요.

 속담 속 '비유'를 생각하며 따라 써 보세요.

고	생		끝	에		낙	이		온	다	.
고	생		끝	에		낙	이		온	다	.

✏️ 속담 속 '비유'를 생각하며 빈칸에 맞춰 써 보세요.

고생 끝에 낙이 온다.

속닥속닥 속담

비슷한 뜻을 가진 한자성어에는 '고진감래(苦盡甘來): 쓴 것이 다하면 단 것이 온다'가 있어요. 어렵고 힘든 일이 지나면 즐겁고 좋은 일이 오기 마련이라는 뜻이지요. 반대의 뜻을 지닌 한자성어에는 '흥진비래(興盡悲來): 즐거움이 다하면 슬픔이 온다'가 있어요.

속담 속 '비유'가 바뀌면 어떻게 될까요? 따라 써 보세요.

 같은 뜻의 다른 속담 따라 쓰기

고생 끝에 낙이 온다.

❶ 태산을 넘으면 평지를 만난다.

태산을 넘으면 평지를 만난다.

TIP '태산'은 '높고 큰 산'을 뜻해요. '태산' 즉, '고통이나 시련'을 넘으면 기다리던 '평지(결과)'를 만날 수 있다는 뜻이에요.

❷ 쥐구멍에도 볕 들 날이 있다.

쥐구멍에도 볕 들 날이 있다.

TIP '쥐구멍'은 좁고 낮아 해가 잘 들어오지 않아요. 그런데 이런 좁고 어두운 곳에도 해가 비치는 좋은 날이 있답니다.

10 고양이가 쥐 생각해 준다

쥐를 잡아먹는 고양이가 쥐 생각을 해 줄 리 없겠지요? 이처럼 속으로는 해칠 마음을 품고 있으면서, 겉으로는 생각해 주는 척함을 이를 때 '고양이 쥐 생각'이라고 해요.

 속담 속 '비유'를 생각하며 따라 써 보세요.

고	양	이	가		쥐		생	각	해		준
다	.										
고	양	이	가		쥐		생	각	해		준
다	.										

속담 속 '비유'를 생각하며 빈칸에 맞춰 써 보세요.

고양이가 쥐 생각해 준다.

속닥속닥 속담

고양이와 쥐는 잡아먹고 잡아먹히는 먹이사슬의 관계예요. 이처럼 먹이사슬 관계이거나 강자 · 약자인 관계를 찾아 새로운 속담을 만들어 보세요.

24

속담 속 '비유'가 바뀌면 어떻게 될까요? 따라 써 보세요.

 '쥐'를 '생선'으로 바꾸어 따라 쓰기

고양이가 쥐 생각해 준다.

고양이가 생선 생각해 준다.

고양이가 생선 생각해 준다.

TIP 고양이에게 약하거나 잡아먹히는 동물을 떠올려 보세요.

 '고양이 – 쥐'를 '탐관오리 – 백성'으로 바꾸어 따라 쓰기

고양이가 쥐 생각해 준다.

탐관오리가 백성 생각해 준다.

탐관오리가 백성 생각해 준다.

TIP 백성의 재물을 탐내어 빼앗는, 행실이 깨끗하지 못한 관리를 '탐관오리'라고 해요. 이런 탐관오리가 백성의 사정을 봐 줄 리가 없겠죠?

 **고양이 목에 방울 달기**

 쥐들이 고양이 목에 방울을 달기로 결정하였지만, 실제로 달 수 있는 쥐가 없었다는 내용의 설화에서 유래했어요. 썩 그럴듯한 일이지만 막상 하기는 어려운 일을 공연히 의논하는 것을 말해요.

 속담 속 '비유'를 생각하며 따라 써 보세요.

고	양	이		목	에		방	울		달	기
고	양	이		목	에		방	울		달	기

✎ 속담 속 '비유'를 생각하며 빈칸에 맞춰 써 보세요.

고양이 목에 방울 달기

 속닥속닥 속담

쥐가 고양이에게 자주 잡히자 견디다 못한 쥐들은 모두 한자리에 모여 머리를 맞대고 논의한 끝에 고양이 목에 방울을 달기로 해요. 그러나 "누가 고양이 목에 방울을 달 것인가?" 묻자 아무도 대답하지 못했지요. 비슷한 한자성어에는 '탁상공론(卓上空論) : 책상 위에 앉아 현실성이 없는 헛된 이론이나 논의를 한다'가 있어요.

속담 속 '비유'가 바뀌면 어떻게 될까요? 따라 써 보세요.

 '고양이'를 다른 단어로 바꾸어 따라 쓰기

고양이 목에 방울 달기

1 호랑이 목에 방울 달기

호랑이 목에 방울 달기

TIP 호랑이 목에 방울을 달기도 전에 호랑이에게 잡아먹히고 말 거예요.

2 외계인 목에 방울 달기

외계인 목에 방울 달기

TIP 미래에 외계인이 지구를 침공했을 때를 대비해 외계인 목에 미리 방울을 달아 놓자는 것은, 막상 실행하기 어려운 일을 공연히 의논함을 이르는 말이에요.

12 공든 탑이 무너지랴

'공든 탑이 무너지랴?' 하고 묻는 것은 공든 탑은 절대 무너지지 않는다는 의미예요. 힘과 정성을 다하여 한 일은 헛되지 않아 반드시 좋은 결과를 얻는다는 뜻이지요.

 속담 속 '비유'를 생각하며 따라 써 보세요.

공	든		탑	이		무	너	지	랴	.
공	든		탑	이		무	너	지	랴	.

 속담 속 '비유'를 생각하며 빈칸에 맞춰 써 보세요.

공든 탑이 무너지랴.

속닥속닥 속담

'공들다'는 어떤 일을 이루는 데에 정성과 노력이 많이 든다는 뜻이에요. 공들여 만든 탑이 무너질 리 없듯 정성과 노력을 들인 일은 반드시 성과를 이룬답니다.

속담 속 '비유'가 바뀌면 어떻게 될까요? 따라 써 보세요.

 같은 뜻의 다른 속담 따라 쓰기

공든 탑이 무너지랴.

⬇

1 정성이 지극하면 돌부처도 움직인다.

정성이 지극하면 돌부처도 움직인다.

 감각이 둔하고 고집이 세며 감정에 좀처럼 흔들리지 않는 사람을 '돌부처'라고 해요.

2 무쇠도 갈면 바늘이 된다.

무쇠도 갈면 바늘이 된다.

3 낙숫물이 댓돌을 뚫는다.

낙숫물이 댓돌을 뚫는다.

TIP '낙숫물'은 처마 끝에서 떨어지는 물을 말해요. '댓돌'은 집의 낙숫물이 떨어지는 곳 안쪽으로 돌려 가며 놓은 돌이에 요. 물이 돌을 뚫는다는 것은 어려워 보이지만 오랜 시간 공들여 노력하면 불가능한 일이 없다는 뜻이에요.

 **구슬이 서 말이라도 꿰어야 보배**

 아무리 훌륭하고 좋은 것이라도 다듬어 쓸모 있게 만들어 놓아야 값어치가 있음을 비유적으로 이르는 말이에요.

 속담 속 '비유'를 생각하며 따라 써 보세요.

구	슬	이		서		말	이	라	도		꿰
어	야		보	배							
구	슬	이		서		말	이	라	도		꿰
어	야		보	배							

✏️ 속담 속 '비유'를 생각하며 빈칸에 맞춰 써 보세요.

구슬이 서 말이라도 꿰어야 보배

 속닥속닥 속담

'말'은 부피를 잴 때 쓰는 단위예요. 한 말은 한 되의 열 배로 약 18리터에 해당하지요. 구슬 서 말은 약 54리터로, 우리가 흔히 보는 1.5리터 플라스틱 병으로 36개 정도예요. 어마어마한 양이지요?

30

속담 속 '비유'가 바뀌면 어떻게 될까요? 따라 써 보세요.

 '구슬 – 보배'를 '속담 – 국어왕'으로 바꾸어 따라 쓰기

> 구슬이 서 말이라도 꿰어야 보배

> 속담이 백 개라도 꿰어야 국어왕

> 속담이 백 개라도 꿰어야 국어왕

>

TIP 제 아무리 속담을 백 개 안다고 해도 상황에 맞게 적절히 사용하지 못한다면 국어왕이라고 할 수 없겠지요?

 같은 뜻의 다른 속담 따라 쓰기

> 구슬이 서 말이라도 꿰어야 보배

> 진주가 열 그릇이나 꿰어야 구슬

> 진주가 열 그릇이나 꿰어야 구슬

>

14 굴러온 돌이 박힌 돌 뺀다

밖에서 들어온 지 얼마 안 되는 사람이 오래전부터 안에 있던 사람을 내쫓거
나 해치려 함을 비유적으로 이르는 말이에요.

 속담 속 '비유'를 생각하며 따라 써 보세요.

굴	러	온		돌	이		박	힌		돌
뺀	다	.								
굴	러	온		돌	이		박	힌		돌
뺀	다	.								

속담 속 '비유'를 생각하며 빈칸에 맞춰 써 보세요.

굴러온 돌이 박힌 돌 뺀다.

속닥속닥 속담

꼭 사람이 아니더라도 새로 생긴 것이 이미 자리 잡고 있던 것을 밀어낼 때 써요. 새로 생긴 빵집이 오래
전부터 자리 잡고 있던 빵집의 단골손님을 빼앗아 갈 때 이 속담을 쓸 수 있어요.

속담 속 '비유'가 바뀌면 어떻게 될까요? 따라 써 보세요.

 '굴러온 돌 – 박힌 돌'을 '뜨내기 – 터줏대감'으로 바꾸어 따라 쓰기

굴러온 돌이 박힌 돌 뺀다.

⬇

뜨내기가 터줏대감 내쫓는다.

뜨내기가 터줏대감 내쫓는다.

TIP 뜨내기는 일정한 거처가 없이 떠돌아다니는 사람을 뜻하고 터줏대감은 집단의 구성원 중 가장 오래된 사람을 말해요.

 같은 뜻의 다른 속담 따라 쓰기

굴러온 돌이 박힌 돌 뺀다.

⬇

굴러온 돌한테 발등 다친다.

굴러온 돌한테 발등 다친다.

TIP 굴러온 돌에, 먼저 자리를 잡고 서 있던 사람이 발등을 다쳤어요.

 **15** 굼벵이도 구르는 재주가 있다

 무능한 사람도 한 가지 재주는 있다는 뜻이에요. 아무런 능력이 없는 사람이
남의 관심을 끌 만한 행동을 했을 때 이를 놀리는 말이기도 하지요.

 속담 속 '비유'를 생각하며 따라 써 보세요.

굼	벵	이	도		구	르	는		재	주	가	V
있	다	.										
굼	벵	이	도		구	르	는		재	주	가	
있	다	.										

속담 속 '비유'를 생각하며 빈칸에 맞춰 써 보세요.

굼벵이도 구르는 재주가 있다.

속담 속 '비유'가 바뀌면 어떻게 될까요? 따라 써 보세요.

 '굼벵이'를 다른 단어로 바꾸어 따라 쓰기

굼벵이도 구르는 재주가 있다.

❶ 개미도 땅 파는 재주가 있다.

개미도 땅 파는 재주가 있다.

TIP 개미는 곤충 중에서도 아주 작아요. 사람들은 개미를 작고 하찮게 생각하지만 개미는 곤충 중 가장 땅을 잘 파 멋진 집을 짓는답니다.

❷ 메주도 맛 내는 재주가 있다.

메주도 맛 내는 재주가 있다.

TIP 메주는 콩을 삶아서 찧은 다음, 덩이를 지어서 띄워 말린 것을 말해요. 모양이 예쁘지는 않지만 음식의 가장 중요한 맛을 내는 간장, 된장, 고추장 따위를 담그는 원료로 쓰이지요.

16 길고 짧은 것은 대어 보아야 안다

크고 작고, 이기고 지고, 잘하고 못하는 것은 직접 비교해 보거나 겨루어 보거나 겪어 보아야 알 수 있다는 말이에요.

 속담 속 '비유'를 생각하며 따라 써 보세요.

길	고		짧	은		것	은		대	어
보	아	야		안	다	.				
길	고		짧	은		것	은		대	어
보	아	야		안	다	.				

✏️ 속담 속 '비유'를 생각하며 빈칸에 맞춰 써 보세요.

길고 짧은 것은 대어 보아야 안다.

속닥속닥 속담

'길다'와 '짧다'는 서로 반대의 뜻을 갖고 있어요. '크다'와 '작다', '이기다'와 '지다', '잘하다'와 '못하다' 등 반대 관계의 말을 찾아 새로운 속담을 만들어 보아요.

속담 속 '비유'가 바뀌면 어떻게 될까요? 따라 써 보세요.

 '길다 – 짧다'를 다른 단어로 바꾸어 따라 쓰기

길고 짧은 것은 대어 보아야 안다.

⬇

① 크고 작은 것은 대어 보아야 안다.

크고 작은 것은 대어 보아야 안다.

② 이기고 지는 것은 겨루어 보아야 안다.

이기고 지는 것은 겨루어 보아야 안다.

TIP 길고 짧은 것, 크고 작은 것은 견주어 보면 알겠지만 이기고 지는 것은 서로 겨루어 보아야 알 수 있어요.

③ 잘하고 못하는 것은 겪어 보아야 안다.

잘하고 못하는 것은 겪어 보아야 안다.

TIP 잘하고 못하는 것을 알려면 어떻게 해야 하나요? 어떠한 일을 함께 겪어 보아야 알겠지요?

 **그림의 떡이다**

 아무리 마음에 들어도 이용할 수 없거나 가질 수 없는 경우를 이르는 말이에요.

 속담 속 '비유'를 생각하며 따라 써 보세요.

그	림	의		떡	이	다	.			
그	림	의		떡	이	다	.			

 속담 속 '비유'를 생각하며 빈칸에 맞춰 써 보세요.

그림의 떡이다.

 속닥속닥 속담

같은 뜻의 한자성어에는 '화중지병(畫中之餠)'이 있어요. 돈이 하나도 없는데 가게 앞을 지나다 진열장에 놓인 맛있는 요리를 보았다면 이때 '그림의 떡'이라는 표현을 쓸 수 있겠지요?

18 꼬리가 길면 밟힌다

나쁜 일을 아무리 남모르게 한다고 해도 오래 두고 계속하면 결국에는 들키고 만다는 것을 이르는 말이에요.

 속담 속 '비유'를 생각하며 따라 써 보세요.

꼬	리	가		길	면		밟	힌	다	.
꼬	리	가		길	면		밟	힌	다	.

 속담 속 '비유'를 생각하며 빈칸에 맞춰 써 보세요.

꼬리가 길면 밟힌다.

 속닥속닥 속담

'꼬리가 밟히다'는 어떠한 행적이 드러났을 때 주로 쓰는 말이에요. '꼬리가 길면 밟힌다'는 어떠한 행적이 길어지거나 계속되면 결국 들키고 만다는 뜻이에요. 비슷한 속담에는 '고삐가 길면 밟힌다'가 있어요. 고삐란, 말이나 소를 몰거나 부리려고 재갈이나 코뚜레, 굴레에 잡아매는 줄이지요.

19 꿈보다 해몽이 좋다

하찮거나 언짢은 일을 그럴듯하게 바꾸어 긍정적으로 풀이하는 것을 빗댄 말이에요.

 속담 속 '비유'를 생각하며 따라 써 보세요.

꿈	보	다		해	몽	이		좋	다	.	
꿈	보	다		해	몽	이		좋	다	.	

✎ 속담 속 '비유'를 생각하며 빈칸에 맞춰 써 보세요.

꿈보다 해몽이 좋다.

속닥속닥 속담

꿈에 나타난 일을 풀어서 좋고 나쁨을 판단하는 것을 '해몽(解夢)'이라고 해요.
'꿈은 아무렇게 (잘못) 꾸어도 해몽만 잘하여라.'라는 속담처럼 어떠한 역경과 고난 속에서도 긍정적인 생각으로 일을 해결하는 것이 중요하다는 뜻이에요.

20 꿩 대신 닭이다

꿩은 닭과 크기가 비슷한 새예요. 꼭 적당한 것이 없을 때 그와 비슷한 것으로 대신하는 경우를 이르는 속담이에요.

 속담 속 '비유'를 생각하며 따라 써 보세요.

꿩		대	신		닭	이	다	.			
꿩		대	신		닭	이	다	.			

 속담 속 '비유'를 생각하며 빈칸에 맞춰 써 보세요.

꿩 대신 닭이다.

 속닥속닥 속담

비슷한 속담에는 '봉 아니면 꿩'이 있지요? '봉'과 '꿩', '닭'은 생김새가 매우 흡사해요. 서로 닮은 사물을 찾아 '가재 대신 게', '다람쥐 대신 청설모' 등의 새로운 속담을 만들 수 있어요.

21 나무만 보고 숲은 보지 못한다

숲은 나무들이 무성하게 우거지거나 꽉 들어찬 것을 말해요. 나무들이 모여 숲을 이루기 때문에 나무는 부분이고 숲은 전체예요. 부분만 보고 전체는 보지 못하는 행동을 비유적으로 이르는 말이에요.

 속담 속 '비유'를 생각하며 따라 써 보세요.

나	무	만		보	고		숲	은		보	지	V
못	한	다	.									
나	무	만		보	고		숲	은		보	지	
못	한	다	.									

✎ 속담 속 '비유'를 생각하며 빈칸에 맞춰 써 보세요.

나무만 보고 숲은 보지 못한다.

 속닥속닥 속담

나무는 보고 숲은 못 보았다는 것은 부분만 보고 전체는 못 보았다는 뜻으로 눈앞의 일에만 사로잡혀 먼 앞날의 일을 짐작하는 지혜가 없음을 비유적으로 이르는 말이에요.

속담 속 '비유'가 바뀌면 어떻게 될까요? 따라 써 보세요.

 '나무 – 숲'을 '꽃잎 – 꽃'으로 바꾸어 따라 쓰기

나무만 보고 숲은 보지 못한다.

꽃잎만 보고 꽃은 보지 못한다.

꽃잎만 보고 꽃은 보지 못한다.

TIP 꽃을 이루고 있는 낱낱의 조각 잎을 꽃잎이라고 해요. 꽃잎이 모여 꽃을 이루지요.

 '나무 – 숲'을 '퍼즐 조각–퍼즐 전체'로 바꾸어 따라 쓰기

나무만 보고 숲은 보지 못한다.

퍼즐 조각만 보고 퍼즐 전체는 보지 못한다.

퍼즐 조각만 보고 퍼즐 전체는 보지 못한다.

TIP 퍼즐은 논리에 맞게 낱말이나 숫자, 도형, 그림 등을 맞추는 놀이예요. 퍼즐 조각들을 잘 짜 맞추어야 퍼즐 전체가 완성되는데 조각만 보고 전체 그림을 보지 않으면 퍼즐을 맞출 수 없겠지요?

22 남의 손의 떡은 커 보인다

분명 같은 크기의 떡인데 내 손에 들린 떡보다 남의 손에 들린 떡이 더 커

보인다는 것은 내 것보다 다른 사람의 것이 더 좋아 보인다는 뜻이에요.

 속담 속 '비유'를 생각하며 따라 써 보세요.

남	의		손	의		떡	은		커		보
인	다	.									
남	의		손	의		떡	은		커		보
인	다	.									

✏️ 속담 속 '비유'를 생각하며 빈칸에 맞춰 써 보세요.

남의 손의 떡은 커 보인다.

속닥속닥 속담

'남의 손의 떡은 커 보인다', '떡 본 김에 굿한다', '떡 줄 사람은 꿈도 안 꾸는데 김칫국부터 마신다' 등
우리 속담에는 유난히 '떡'이 많이 등장해요. 옛날 사람들이 떡을 즐겨 먹었기 때문이에요. 요즘이라면
'떡' 대신 '빵'으로 속담을 만들었겠죠?

속담 속 '비유'가 바뀌면 어떻게 될까요? 따라 써 보세요.

 같은 뜻의 다른 속담 따라 쓰기

남의 손의 떡은 더 커 보인다.

❶ 남의 밥에 든 콩이 굵어 보인다.

남의 밥에 든 콩이 굵어 보인다.

❷ 남이 잡은 일감이 더 헐어 보인다.

남이 잡은 일감이 더 헐어 보인다.

TIP 남의 일이 제 일보다 더 쉬워 보임을 이르는 말이에요.

❸ 남의 밥그릇은 높아 보이고 자기 밥그릇은 낮아 보인다.

남의 밥그릇은 높아 보이고 자기 밥그릇은 낮아 보인다.

TIP 밥그릇이 높으면 밥이 많이 들어가겠지요?

23 낫 놓고 기역 자도 모른다

기역 자(ㄱ) 모양으로 생긴 낫을 보면서도 정작 기역 자를 모른다는 뜻이에요. 몹시 무식한 사람을 두고 하는 말이지요.

 속담 속 '비유'를 생각하며 따라 써 보세요.

낫		놓	고		기	역		자	도		모
른	다	.									
낫		놓	고		기	역		자	도		모
른	다	.									

속담 속 '비유'를 생각하며 빈칸에 맞춰 써 보세요.

낫 놓고 기역 자도 모른다.

 속닥속닥 속담

비슷한 한자성어에는 '목불식정(目不識丁)'이 있어요. 논이나 밭의 흙을 고를 때 쓰는 고무래를 보고도 그것이 '고무래 정(丁)' 자인 줄 모른다는 뜻으로, 글자를 모르는 무식한 사람을 이르는 말이에요.

속담 속 '비유'가 바뀌면 어떻게 될까요? 따라 써 보세요.

 '기역 자'를 '니은 자'로 바꾸어 따라 쓰기

낫 놓고 기역 자도 모른다.

낫 놓고 니은 자도 모른다.

낫 놓고 니은 자도 모른다.

TIP 어느 방향으로 보느냐에 따라 낫은 '니은(ㄴ)' 자로 보일 수도 있어요.

 '낫-기역 자'를 다른 단어로 바꾸어 따라 쓰기

① 낫 놓고 기역 자도 모른다.

나무 보고 나무 목(木) 자도 모른다.

나무 보고 나무 목(木) 자도 모른다.

② 빨래집게 놓고 에이(A) 자도 모른다.

빨래집게 놓고 에이(A) 자도 모른다.

TIP '나무 목(木)' 자는 나무의 모양을 본떠 만든 상형 문자예요. 빨래집게 모양은 꼭 알파벳 '에이(A)' 자처럼 생겼지요.

47

낮말은 새가 듣고
밤말은 쥐가 듣는다

아무도 없는 곳이라도 말을 조심해서 해야 한다는 뜻이에요.

 속담 속 '비유'를 생각하며 따라 써 보세요.

낮	말	은		새	가		듣	고		밤	말
은		쥐	가		듣	는	다	.			
낮	말	은		새	가		듣	고		밤	말
은		쥐	가		듣	는	다	.			

 속담 속 '비유'를 생각하며 빈칸에 맞춰 써 보세요.

낯말은 새가 듣고 밤말은 쥐가 듣는다.

속닥속닥 속담

'낮말'은 '낮에 하는 말'을 뜻하고 '밤말'은 '밤에 하는 말'을 뜻해요. 새는 주로 낮에 활동하고 쥐는 주로
밤에 활동하는 동물로, 우리 주변에서 쉽게 볼 수 있어요.

속담 속 '비유'가 바뀌면 어떻게 될까요? 따라 써 보세요.

 '새-쥐'를 '해-달'로 바꾸어 따라 쓰기

낮말은 새가 듣고 밤말은 쥐가 듣는다.

낮말은 해가 듣고 밤말은 달이 듣는다.

낮말은 해가 듣고 밤말은 달이 듣는다.

TIP '낮과 밤'의 대표적인 상징은 바로 '해와 달'이지요.

 '새-쥐'를 '개미-올빼미'로 바꾸어 따라 쓰기

낮말은 새가 듣고 밤말은 쥐가 듣는다.

낮말은 개미가 듣고 밤말은 올빼미가 듣는다.

낮말은 개미가 듣고 밤말은 올빼미가 듣는다.

TIP 올빼미는 밤에 활동하는 대표적인 동물이에요. 밤이 되면 활동하는 사람을 올빼미에 빗대어 표현하기도 하지요.

내 코가 석 자나 빠졌다

코가 석 자(90㎝ 정도)나 길어진다면 숨쉬기도 어렵고 누가 볼까 봐 밖에 나갈 수도 없을 거예요. 이럴 때 친구가 도와달라고 하면 곤란하겠지요? 내 사정이 급하고 어려워서 남을 돌볼 여유가 없다는 뜻의 속담이에요.

 속담 속 '비유'를 생각하며 따라 써 보세요.

내	코	가		석		자	나		빠	졌
다	.									
내		코	가		석		자	나		빠	졌
다	.									

✏️ 속담 속 '비유'를 생각하며 빈칸에 맞춰 써 보세요.

내 코가 석 자나 빠졌다.

속닥속닥 속담

비슷한 한자성어에는 '오비삼척(吾鼻三尺)'이 있어요. '내 코가 삼 척'이라는 뜻이며 '척'은 '자'와 같은 길이의 단위랍니다.

50

 26 **눈에는 눈 이에는 이**

 해를 입은 만큼 앙갚음하는 것을 뜻해요. 나쁜 짓을 한 사람에게 그만큼 돌려준다는 뜻이지요.

 속담 속 '비유'를 생각하며 따라 써 보세요.

눈	에	는		눈		이	에	는		이
눈	에	는		눈		이	에	는		이

속담 속 '비유'를 생각하며 빈칸에 맞춰 써 보세요.

눈에는 눈 이에는 이

 속닥속닥 속담

기원전 1792년에서 1750년, 바빌론을 통치한 함무라비 왕이 만든 함무라비 법전에는 '어떤 사람이 다른 사람의 눈을 멀게 했다면 그 자신의 눈알을 뺄 것이다.'라는 법이 기록되어 있어요. 당한 만큼 돌려주겠다는 복수법이 특징이지요. 그러나 인도의 정신적·정치적 지도자 마하트마 간디는 '눈에는 눈을 고집한다면 모든 세상의 눈이 멀게 된다.'라는 멋진 말로 많은 사람들에게 '평화와 화해'의 가치를 깨닫게 했어요.

27 달걀로 바위 치기

달걀은 크기가 작고 껍데기가 얇아 작은 충격에도 쉽게 깨져요. 바위는 크고 단단하여 잘 깨지지 않고요. 그러니 달걀로 바위를 치면 당연히 달걀이 깨질 거예요. 딱 봐도 이길 수 없는 상황일 때 '달걀로 바위 치기'라고 해요.

 속담 속 '비유'를 생각하며 따라 써 보세요.

달	걀	로		바	위		치	기			
달	걀	로		바	위		치	기			

속담 속 '비유'를 생각하며 빈칸에 맞춰 써 보세요.

달걀로 바위 치기

속닥속닥 속담

달걀로 바위를 쳤는데 바위가 깨지는 일도 있어요. 성경 속 '다윗과 골리앗'처럼요. 평범한 소년인 다윗은, 창을 들고 마을에 쳐들어온 거인 골리앗을 돌멩이 하나로 싸워 이겼거든요. 비슷한 뜻을 가진 한자성어에는 '이란투석(以卵投石)'이 있어요.

속담 속 '비유'가 바뀌면 어떻게 될까요? 따라 써 보세요.

 같은 뜻의 다른 속담 따라 쓰기

| 달걀로 바위 치기 |

❶ 달걀로 성 치기

달걀로 성 치기

TIP 달걀로 웅장하고 단단한 성을 치다니, 딱 봐도 이길 수 없는 상황이지요?

❷ 바위에 달걀 부딪치기

바위에 달걀 부딪치기

❸ 바위에 머리 받기

바위에 머리 받기

TIP 단단한 무생물인 바위에 머리를 받으면 머리가 크게 다칠 수 있어요.

53

28 달면 삼키고 쓰면 뱉는다

옳고 그름이나 신의를 돌보지 않고 자기의 비위에 맞게 이익만 꾀하는 경우를 이르는 말이에요.

 속담 속 '비유'를 생각하며 따라 써 보세요.

달	면		삼	키	고		쓰	면		뱉	는
다	.										
달	면		삼	키	고		쓰	면		뱉	는
다	.										

 속담 속 '비유'를 생각하며 빈칸에 맞춰 써 보세요.

달면 삼키고 쓰면 뱉는다.

속닥속닥 속담

같은 뜻의 한자성어에는 '감탄고토(甘呑苦吐)'가 있어요. '달면 삼키고 쓰면 뱉는다'는 뜻이지요. 사냥하러 가서 토끼를 잡으면, 사냥하던 개는 쓸모가 없게 되어 삶아 먹는다는 뜻의 '토사구팽(兎死拘烹)'도 비슷한 의미예요.

54

속담 속 '비유'가 바뀌면 어떻게 될까요? 따라 써 보세요.

 같은 뜻의 다른 속담 따라 쓰기

달면 삼키고 쓰면 뱉는다.

❶ 맛이 좋으면 넘기고 쓰면 뱉는다.

맛이 좋으면 넘기고 쓰면 뱉는다.

❷ 추우면 다가들고 더우면 물러선다.

추우면 다가들고 더우면 물러선다.

TIP '달면 삼키고 쓰면 뱉는다'를 살펴보면 '달다-쓰다'와 '삼키다-뱉다'의 반대말들로 이루어진 것을 알 수 있어요. '추우면 다가들고 더우면 물러선다'도 마찬가지예요. '춥다-덥다'와 '다가들다-물러선다'의 반대말들로 이루어져 있지요.

29 닭 잡아먹고 오리발 내민다

'오리발'은 엉뚱하게 딴전을 부리는 태도를 속되게 이르는 말이에요. 잘못을 저지르고 엉뚱한 수작으로 속여 넘기려 하는 경우를 말해요.

 속담 속 '비유'를 생각하며 따라 써 보세요.

닭		잡	아	먹	고		오	리	발		내
민	다	.									
닭		잡	아	먹	고		오	리	발		내
민	다	.									

✏️ 속담 속 '비유'를 생각하며 빈칸에 맞춰 써 보세요.

닭 잡아먹고 오리발 내민다.

속닥속닥 속담

도둑이 닭을 잡아먹고는 엉뚱하게 오리발을 내밀며 "난 닭이 아닌 오리를 잡아먹었다고!" 하고 우기면 정말 황당하겠지요? 이렇게 나쁜 짓을 해놓고 엉뚱한 수작으로 속여 넘기려 할 때 '닭 잡아먹고 오리발 내민다'는 속담을 써요.

30 닭 쫓던 개 지붕 쳐다보듯 한다

개에게 쫓기던 닭이 지붕 위로 올라가자 개가 더 이상 쫓지 못하고 지붕만 쳐다본다는 뜻으로, 애써 하던 일이 실패로 돌아가거나 남보다 뒤떨어져 어쩔 도리가 없는 상황을 이르는 말이에요.

 속담 속 '비유'를 생각하며 따라 써 보세요.

닭	쫓	던	개	지	붕	쳐	다
보	듯	한	다	.			
닭	쫓	던	개	지	붕	쳐	다
보	듯	한	다	.			

 속담 속 '비유'를 생각하며 빈칸에 맞춰 써 보세요.

닭 쫓던 개 지붕 쳐다보듯 한다.

속닥속닥 속담

비슷한 속담에는 '닭 쫓던 개 먼산 쳐다보듯 한다', '닭 쫓던 개 울타리 넘겨다 보듯'이 있어요. '닭 쫓던 개의 상'으로 바꿔 쓸 수도 있는데, 여기서 '상'은 '얼굴 상(相)'으로 일이 실패로 돌아가 어찌할 도리가 없는 맥 빠진 얼굴을 뜻해요.

31 도둑이 제 발 저리다

잘못한 일이 있으면 누가 뭐라고 하지 않아도 자연히 마음이 조마조마해진다는 뜻이에요.

 속담 속 '비유'를 생각하며 따라 써 보세요.

도	둑	이		제		발		저	리	다	.
도	둑	이		제		발		저	리	다	.

속담 속 '비유'를 생각하며 빈칸에 맞춰 써 보세요.

도둑이 제 발 저리다.

속닥속닥 속담

'도둑이 제 발 저리다'에서 '저리다'는 뼈마디나 몸의 일부가 쑥쑥 쑤시듯이 아픈 것을 말하는데 지은 죄가 드러날까 두려워서 마음이 조마조마하니 괜히 발이 아픈 것처럼 느껴지는 것이지요. 비슷한 속담에는 '도적은 제 발이 저려서 뛴다'가 있어요.

32 도토리 키 재기

정도가 고만고만한 사람끼리 서로 다툼을 이르거나, 서로 비슷비슷하여 견주어 볼 필요가 없는 경우에 이 속담을 써요.

 속담 속 '비유'를 생각하며 따라 써 보세요.

도	토	리		키		재	기		
도	토	리		키		재	기		

 속담 속 '비유'를 생각하며 빈칸에 맞춰 써 보세요.

도토리 키 재기

속닥속닥 속담

갈참나무, 졸참나무, 물참나무, 떡갈나무의 열매를 통틀어 '도토리'라고 해요. 도토리들은 너나 할 것 없이 모두 작기 때문에 특별히 견주어 볼 필요가 없답니다. 비슷한 속담에는 '난쟁이끼리 키 자랑하기'가 있어요.

33 돌다리도 두들겨 보고 건너라

잘 아는 일이라도 세심하게 주의를 기울여야 한다는 속담이에요.

 속담 속 '비유'를 생각하며 따라 써 보세요.

돌	다	리	도		두	들	겨		보	고	
건	너	라	.								
돌	다	리	도		두	들	겨		보	고	
건	너	라	.								

✎ 속담 속 '비유'를 생각하며 빈칸에 맞춰 써 보세요.

돌다리도 두들겨 보고 건너라.

속담속담 속담

'돌다리'는 돌로 만든 다리를 뜻해요. 돌로 만든 다리이면 분명 튼튼할 텐데 두들겨 보고 건너라니 그만큼
확신하는 일이라도 주의를 기울이라는 뜻이겠지요?

속담 속 '비유'가 바뀌면 어떻게 될까요? 따라 써 보세요.

 같은 뜻의 다른 속담 따라 쓰기

돌다리도 두들겨 보고 건너라.

❶ 아는 길도 물어 가랬다.

아는 길도 물어 가랬다.

TIP 아는 길은 길을 잃어 헤맬 리가 없어요. 그런데도 물어보고 가라니 그만큼 주의하라는 뜻이겠지요?

❷ 식은 죽도 불어 가며 먹어라.

식은 죽도 불어 가며 먹어라.

TIP 식은 죽은 뜨겁지 않으니 혓바닥이나 입술을 다칠 리가 없어 안전해요.

❸ 얕은 내도 깊게 건너라.

얕은 내도 깊게 건너라.

TIP 얕은 내(냇물)는 물에 빠질 리가 없어 안전해요.

34 동에 번쩍 서에 번쩍

정하여진 곳이 없고 종적을 걷잡을 수 없을 만큼 빠르게 왔다 갔다 함을 이르는 말이에요.

 속담 속 '비유'를 생각하며 따라 써 보세요.

동	에		번	쩍	서	에		번	쩍	
동	에		번	쩍	서	에		번	쩍	

✏️ 속담 속 '비유'를 생각하며 빈칸에 맞춰 써 보세요.

동에 번쩍 서에 번쩍

속닥속닥 속담

동서남북은 동쪽·서쪽·남쪽·북쪽이라는 뜻으로, 모든 방향을 이르는 말이에요. 동쪽은 해가 떠오르는 쪽이고 서쪽은 해가 지는 쪽이지요. 따라서 동쪽과 서쪽은 서로 반대 방향이라고 할 수 있어요. 그런데 동쪽에 번쩍 나타났다가 서쪽에 번쩍 나타나다니 정말 깜짝 놀랄 만큼 빠르고 분주하게 움직이는 모습을 나타내는 말이에요.

35 되로 주고 말로 받는다

조금 주고 그 대가로 몇 곱절이나 많이 받는 경우를 말해요.

 속담 속 '비유'를 생각하며 따라 써 보세요.

되	로		주	고		말	로		받	는	다	.
되	로		주	고		말	로		받	는	다	.

속담 속 '비유'를 생각하며 빈칸에 맞춰 써 보세요.

되로 주고 말로 받는다.

 속닥속닥 속담

'되'는 부피의 단위로 곡식, 가루, 액체 따위의 부피를 잴 때 써요. 한 되는 한 말의 10분의 1, 한 홉의 열 배로 약 1.8리터에 해당하지요. '말'은 한 되의 열 배로 약 18리터 정도예요. 한 배로 주었다 열 배로 받 는다는 뜻으로, 조금 해롭게 했다가 그 대가를 톡톡히 치루는 부정적인 경우에 주로 쓰여요. 비슷한 속담 에는 '한 되 주고 한 섬 받는다'가 있어요.

36 똥 누러 갈 적 마음 다르고 올 적 마음 다르다

자기 일이 아주 급한 때는 통사정하며 매달리다가 그 일을 무사히 마치고 나면 언제 그랬냐는 듯 모른 체하고 지낸다는 말이에요.

 속담 속 '비유'를 생각하며 따라 써 보세요.

똥	누	러	갈	적	마	음
다	르	고	올	적	마	음	다
르	다	.					
똥	누	러	갈	적	마	음
다	르	고	올	적	마	음	다
르	다	.					

✏️ 속담 속 '비유'를 생각하며 빈칸에 맞춰 써 보세요.

똥 누러 갈 적 마음 다르고 올 적 마음 다르다.

37 등잔 밑이 어둡다

제게 가까운 일을 먼 데 일보다 오히려 모른다는 뜻이에요.

 속담 속 '비유'를 생각하며 따라 써 보세요.

등	잔		밑	이		어	둡	다	.		
등	잔		밑	이		어	둡	다	.		

 속담 속 '비유'를 생각하며 빈칸에 맞춰 써 보세요.

등잔 밑이 어둡다.

속닥속닥 속담

'등잔 밑이 어둡고 이웃집이 멀다'로 바꿔 쓸 수 있어요. 같은 뜻의 한자성어에는 '등하불명(燈下不明)'이 있지요. '등 등(燈), 아래 하(下), 아닐 불(不), 밝을 명(明)'으로 '등잔 밑이 어둡다'는 뜻이에요.

 **38** **땅 짚고 헤엄치기**

 일이 매우 쉽거나 의심할 여지가 없이 확실할 때 써요.

 속담 속 '비유'를 생각하며 따라 써 보세요.

땅		짚	고		헤	엄	치	기		
땅		짚	고		헤	엄	치	기		

✏️ 속담 속 '비유'를 생각하며 빈칸에 맞춰 써 보세요.

땅 짚고 헤엄치기

 속닥속닥 속담

'짚다'는 '바닥이나 벽, 지팡이 따위에 몸을 의지하다'라는 뜻이에요. '사람이나 물고기 따위가 물속에서 나아가기 위하여 팔다리나 지느러미를 움직이는 것'을 '헤엄친다'고 하지요. 두 발로 땅을 딛고 서서 팔을 움직여 앞으로 나가는 건 엄청 쉬운 일일 거예요. 물에 빠질 염려도 없고요.

속담 속 '비유'가 바뀌면 어떻게 될까요? 따라 써 보세요.

 같은 뜻의 다른 속담 따라 쓰기

| 땅 짚고 헤엄치기 |

1 누워서 떡 먹기

| 누워서 떡 먹기 |

| |

2 식은 죽 먹기

| 식은 죽 먹기 |

| |

3 주먹으로 물 찧기

| 주먹으로 물 찧기 |

| |

TIP '찧다'는 '곡식 따위를 쓿거나 빻으려고 절구에 담고 공이로 내리치는 것'을 말해요. 가루로 만든다는 뜻이지요. 물은 가루로 만들어도 물의 형태를 띠고 있으니 힘들여 찧을 필요가 없어요.

39 떡 줄 사람은 생각도 없는데
김칫국부터 마신다

해 줄 사람은 생각지도 않는데 다 된 일로 알고 행동한다는 말이에요.

 속담 속 '비유'를 생각하며 따라 써 보세요.

떡		줄		사	람	은		생	각	도
없	는	데		김	칫	국	부	터		마	신
다	.									
떡		줄		사	람	은		생	각	도
없	는	데		김	칫	국	부	터		마	신
다	.									

✏️ 속담 속 '비유'를 생각하며 빈칸에 맞춰 써 보세요.

떡 줄 사람은 생각도 없는데 김칫국부터 마신다.

속담 속 '비유'가 바뀌면 어떻게 될까요? 따라 써 보세요.

 '떡−김칫국'을 '빵−우유'으로 바꾸어 따라 쓰기

떡 줄 사람은 생각도 없는데 김칫국부터 마신다.

빵 줄 사람은 생각도 없는데 우유부터 마신다.

빵 줄 사람은 생각도 없는데 우유부터 마신다.

| |

TIP 우리 조상들은 떡을 먹을 때 김칫국이나 식혜, 수정과와 같은 전통 음료를 함께 즐겼어요. 오늘날 빵과 우유, 피자와 콜라를 함께 먹는 것처럼요.

 같은 뜻의 다른 속담 따라 쓰기

❶ 떡방아 소리 듣고 김칫국부터 찾는다.

떡방아 소리 듣고 김칫국부터 찾는다.

| |

❷ 앞집 떡 치는 소리 듣고 김칫국부터 마신다.

앞집 떡 치는 소리 듣고 김칫국부터 마신다.

| |

40 뛰는 놈 위에 나는 놈 있다

아무리 재주가 뛰어나다고 해도 항상 그보다 더 뛰어난 사람이 있다는 뜻으로, 자만하는 사람을 경계하여 이르는 말이에요.

 속담 속 '비유'를 생각하며 따라 써 보세요.

뛰	는		놈		위	에		나	는		놈	∨
있	다	.										
뛰	는		놈		위	에		나	는		놈	
있	다	.										

속담 속 '비유'를 생각하며 빈칸에 맞춰 써 보세요.

뛰는 놈 위에 나는 놈 있다.

속닥속닥 속담

'놈'을 다른 단어로 바꿔 볼까요? '말'과 '새'로 바꾸면 '뛰는 말 위에 나는 새 있다'라는 속담으로 바뀔 거예요. 아무리 빨리 달리는 말이 있다고 하더라도 하늘 위를 나는 새보다 빠르지는 않겠지요?

70

속담 속 '비유'가 바뀌면 어떻게 될까요? 따라 써 보세요.

 '놈'을 다른 단어로 바꾸어 따라 쓰기

> 뛰는 놈 위에 나는 놈 있다.

> 뛰는 교과서 위에 나는 국어왕 있다.

> 뛰는 교과서 위에 나는 국어왕 있다.

>

TIP 국어 교과서에는 주옥같은 작품들이 수록되어 있어요. 교과서 수록 작품을 읽고 새로운 해석과 감상법을 제시하는 국어왕 시리즈는 '뛰는 교과서 위에 나는 국어왕'이라고 할 수 있지요.

 같은 뜻의 다른 속담 따라 쓰기

❶ 기는 놈 위에 나는 놈 있다.

> 기는 놈 위에 나는 놈 있다.

>

TIP 엉금엉금 기는 거북이보다는 깡충깡충 뛰는 토끼가, 깡충깡충 뛰는 토끼보다는 훨훨 나는 독수리가 빠르겠지요?

❷ 치 위에 치가 있다.

> 치 위에 치가 있다.

>

TIP '치'는 약 3.03cm에 해당하는 길이의 단위를 말해요.

41 마른하늘에 날벼락이다

뜻하지 아니한 상황에 뜻밖에 재난을 당하는 경우를 말해요.

 속담 속 '비유'를 생각하며 따라 써 보세요.

마	른	하	늘	에		날	벼	락	이	다	.
마	른	하	늘	에		날	벼	락	이	다	.

✎ 속담 속 '비유'를 생각하며 빈칸에 맞춰 써 보세요.

마른하늘에 날벼락이다.

속닥속닥 속담

비나 눈이 오지 않는 맑게 갠 하늘을 마른하늘이라고 해요. 벼락은 대개 비가 오거나 흐린 날 치기 때문에 맑은 하늘에 느닷없이 내리는 벼락을 날벼락이라고 하지요. 뜻밖에 당하는 불행이나 재앙을 이를 때도 '날벼락'이라고 해요.

42 말이 씨가 된다

늘 말하던 것이 마침내 사실대로 되었을 때 이 속담을 쓸 수 있어요.

 속담 속 '비유'를 생각하며 따라 써 보세요.

말	이		씨	가		된	다	.		
말	이		씨	가		된	다	.		

 속담 속 '비유'를 생각하며 빈칸에 맞춰 써 보세요.

말이 씨가 된다.

속닥속닥 속담

씨는 자라 꽃을 피우기도 하고 열매를 맺기도 해요. 말이 씨가 된다는 것은 입버릇처럼 하던 말이 실제
일의 결과로 이어질 수도 있다는 뜻이에요. 좋은 말을 하면 좋은 일이 생기고 나쁜 말을 습관처럼 하면
나쁜 일이 생길 수 있으니 평소 긍정적인 말과 행동이 중요하다는 뜻의 속담입니다.

말 한마디에 천 냥 빚도 갚는다

어려운 일이나 불가능해 보이는 일도 말만 잘하면 해결할 수 있다는 뜻의 속담이에요.

 속담 속 '비유'를 생각하며 따라 써 보세요.

말	한	마	디	에		천		냥		빚
도		갚	는	다	.					
말		한	마	디	에		천		냥		빚
도		갚	는	다	.					

속담 속 '비유'를 생각하며 빈칸에 맞춰 써 보세요.

말 한마디에 천 냥 빚도 갚는다.

 속닥속닥 속담

'냥'은 옛날에 엽전을 세던 단위를 말해요. 천 냥은 매우 많은 돈을 이르는 말이지요. 그런데 말 한마디로 천 냥 빚을 갚는다니, 말의 위력이 얼마나 대단한지 실감할 수 있어요.

속담 속 '비유'가 바뀌면 어떻게 될까요? 따라 써 보세요.

 '천 냥 빚'을 다른 단어로 바꾸어 따라 쓰기

말 한마디에 천 냥 빚도 갚는다.

말 한마디에 불치병도 고친다.

말 한마디에 불치병도 고친다.

 같은 뜻의 다른 속담 따라 쓰기

말 한마디에 천 냥 빚도 갚는다.

❶ 말로 온 공을 갚는다.

말로 온 공을 갚는다.

❷ 말 한마디가 대포알 만 개도 당한다.

말 한마디가 대포알 만 개도 당한다.

44 모르면 약이요 아는 게 병

아무것도 모르면 차라리 마음이 편하여 좋으나, 너무 많이 알고 있으면 걱정 거리가 많아 도리어 해로울 수 있다는 말이에요.

 속담 속 '비유'를 생각하며 따라 써 보세요.

모	르	면		약	이	요		아	는		게
병											
모	르	면		약	이	요		아	는		게
병											

✎ 속담 속 '비유'를 생각하며 빈칸에 맞춰 써 보세요.

모르면 약이요 아는 게 병

속닥속닥 속담

비슷한 뜻을 가진 한자성어에는 '식자우환(識字憂患)'이 있어요. '알 식(識), 글자 자(字), 근심 우(憂), 근심 환(患)'으로 '글자를 아는 것이 오히려 걱정을 끼친다, 즉 너무 많이 알기 때문에 쓸데없는 걱정도 그만큼 많다'는 뜻이에요.

속담 속 '비유'가 바뀌면 어떻게 될까요? 따라 써 보세요.

 같은 뜻의 다른 속담 따라 쓰기

모르면 약이요 아는 게 병

① 모르는 것이 부처

모르는 것이 부처

TIP 불도를 깨달은 성인을 부처라고 해요.

② 무지각이 상팔자

무지각이 상팔자

TIP '무지각'이란 사물의 이치나 도리를 분별하는 능력이 없다는 뜻이에요.

반대의 뜻을 가진 격언 따라 쓰기

아는 것이 힘이다.

아는 것이 힘이다.

TIP 영국의 철학자 베이컨의 말이에요. 베이컨은 지식을 확립하는 방법으로 귀납법(개별적인 특수한 사실이나 원리를 전 제로 하여 일반적인 사실이나 원리로서의 결론을 이끌어 내는 연구 방법)을 들었지요.

45 목구멍이 포도청

포도청은 조선 시대에, 범죄자를 잡거나 다스리는 일을 맡아 보던 관아를 뜻해요. 먹고살기 위하여, 해서는 안 될 짓까지 하게 되는 상황을 이르는 말이에요.

 속담 속 '비유'를 생각하며 따라 써 보세요.

목	구	멍	이		포	도	청		
목	구	멍	이		포	도	청		

 속담 속 '비유'를 생각하며 빈칸에 맞춰 써 보세요.

목구멍이 포도청

속닥속닥 속담

비슷한 속담에는 '입이 포도청'이 있어요. 오랫동안 아무것도 먹지 못하면 '목구멍'이나 '입'으로 상징되는 '배고픔'이 '범죄'를 저지를 수도 있다는 뜻이에요.

46 못된 송아지 엉덩이에 뿔이 난다

소는 머리에 뿔이 나기 마련인데 못된 송아지는 엉덩이에 뿔이 나기 시작하네요. 되지못한 것이 엇나가는 행동만 한다는 뜻이에요.

 속담 속 '비유'를 생각하며 따라 써 보세요.

못	된		송	아	지		엉	덩	이	에	
뿔	이		난	다	.						
못	된		송	아	지		엉	덩	이	에	
뿔	이		난	다	.						

속담 속 '비유'를 생각하며 빈칸에 맞춰 써 보세요.

못된 송아지 엉덩이에 뿔이 난다.

속닥속닥 속담

비슷한 속담에는 '못된 벌레 장판방에서 모로 긴다'가 있어요. '장판방'이란 '장판지로 바닥을 바른 방'이라는 뜻이며 '모로'는 '비껴서 또는 대각선으로'라는 뜻이에요. 벌레를 잡으려고 해도 모로 기어가니 잡기가 어렵겠지요?

47 물에 빠진 놈 건져 놓으니 보따리 내놓으라 한다

남에게 은혜를 입고서도 그 고마움을 모른 채 생트집을 잡는 것을 말해요.

 속담 속 '비유'를 생각하며 따라 써 보세요.

물	에		빠	진		놈		건	져		놓
으	니		보	따	리		내	놓	으	라	
한	다	.									
물	에		빠	진		놈		건	져		놓
으	니		보	따	리		내	놓	으	라	
한	다	.									

✎ 속담 속 '비유'를 생각하며 빈칸에 맞춰 써 보세요.

물에 빠진 놈 건져 놓으니 보따리 내놓으라 한다.

속담 속 '비유'가 바뀌면 어떻게 될까요? 따라 써 보세요.

 '물'을 '뒷간'으로 바꾸어 따라 쓰기

물에 빠진 놈 건져 놓으니 보따리 내놓으라 한다.

뒷간에 빠진 놈 건져 놓으니 보따리 내놓으라 한다.

뒷간에 빠진 놈 건져 놓으니 보따리 내놓으라 한다.

 같은 뜻의 다른 속담 따라 쓰기

물에 빠진 놈 건져 놓으니 보따리 내놓으라 한다.

방귀 뀐 놈이 성낸다.

방귀 뀐 놈이 성낸다.

 **48 물이 너무 맑으면 고기가 없다**

 사람이 지나치게 결백하면 따르는 자가 없음을 뜻하는 말이에요.

 속담 속 '비유'를 생각하며 따라 써 보세요.

물	이		너	무		맑	으	면		고	기
가		없	다	.							
물	이		너	무		맑	으	면		고	기
가		없	다	.							

✏️ 속담 속 '비유'를 생각하며 빈칸에 맞춰 써 보세요.

물이 너무 맑으면 고기가 없다.

 속닥속닥 속담

비슷한 한자성어에는 '수청무대어(水淸無大魚)가' 있어요. '물 수(水), 맑을 청(淸), 없을 무(無), 큰 대(大), 고기 어(魚)'로 '물이 너무 맑으면 큰 고기가 없다'는 뜻이에요. <후한서>에서 유래한 말로, <한서>를 지은 반고의 아우 반초의 이야기에서 나왔어요.

속담 속 '비유'가 바뀌면 어떻게 될까요? 따라 써 보세요.

 비슷한 뜻의 다른 속담 따라 쓰기

물이 너무 맑으면 고기가 없다.

❶ 물이 깊어야 고기가 모인다.

물이 깊어야 고기가 모인다.

❷ 숲이 깊어야 도깨비가 나온다.

숲이 깊어야 도깨비가 나온다.

❸ 산이 깊어야 범이 있다.

산이 깊어야 범이 있다.

TIP '범'은 호랑이를 뜻해요. 위의 세 가지 속담 모두 '자기에게 덕망이 있어야 사람들이 따르게 됨'을 이르는 말이에요.

49 믿는 도끼에 발등 찍힌다

확신했던 일이 어긋나거나 믿고 있던 사람이 배반하여 오히려 해를 입을 때 이 속담을 쓸 수 있어요.

 속담 속 '비유'를 생각하며 따라 써 보세요.

믿	는		도	끼	에		발	등		찍	힌
다	.										
믿	는		도	끼	에		발	등		찍	힌
다	.										

 속담 속 '비유'를 생각하며 빈칸에 맞춰 써 보세요.

믿는 도끼에 발등 찍힌다.

 속닥속닥 속담

'열 길 물 속은 알아도 한 길 사람의 속은 모른다'는 속담도 비슷한 뜻을 가지고 있어요.

속담 속 '비유'가 바뀌면 어떻게 될까요? 따라 써 보세요.

 같은 뜻의 다른 속담 따라 쓰기

믿는 도끼에 발등 찍힌다.

① 아는 도끼에 발등 찍힌다.

아는 도끼에 발등 찍힌다.

② 믿었던 돌에 발부리 채었다.

믿었던 돌에 발부리 채었다.

TIP '믿는 도끼', '아는 도끼', '믿었던 돌'은 모두 믿고 있던 사람을 상징해요.

③ 믿는 나무에 곰이 핀다.

믿는 나무에 곰이 핀다.

TIP 잘되리라고 믿고 있던 일에 생각지 못한 변화가 생기는 것을 뜻하는 속담이에요. '곰'은 '곰팡이'를 뜻해요.

 **밑 빠진 독에 물 붓기**

 밑 빠진 독에 아무리 물을 부어도 독이 채워질 수 없다는 뜻으로, 아무리 힘이나 밑천을 들여도 성과가 나지 않는 헛된 일을 말해요.

 속담 속 '비유'를 생각하며 따라 써 보세요.

밑	빠	진	독	에	물	붓	기
밑	빠	진	독	에	물	붓	기

✏️ 속담 속 '비유'를 생각하며 빈칸에 맞춰 써 보세요.

밑 빠진 독에 물 붓기

 속닥속닥 속담

<콩쥐팥쥐>를 보면 못된 새엄마와 새언니가 나라의 잔치에 가면서 콩쥐에게 밑 빠진 독에 물을 가득 채워 놓으라고 하는 장면이 있어요. 콩쥐가 잔치에 가지 못하도록 하기 위한 계략이었으나 두꺼비가 독의 구멍을 막아 주어 콩쥐는 독에 물을 가득 채우고 잔치에 참여하지요.

속담 속 '비유'가 바뀌면 어떻게 될까요? 따라 써 보세요.

 '독'을 다른 단어로 바꾸어 따라 쓰기

밑 빠진 독에 물 붓기

① 밑 빠진 그릇에 밥 넣기

밑 빠진 그릇에 밥 넣기

② 밑 빠진 저금통에 돈 넣기

밑 빠진 저금통에 돈 넣기

 같은 뜻의 다른 속담 따라 쓰기

밑 빠진 독에 물 붓기

한강에 돌 던지기

한강에 돌 던지기

TIP 어떤 사물이 지나치게 미미하여 일을 하는 데에 효과나 영향이 전혀 없다는 말이에요.

 **51 바늘 가는 데 실 간다**

 바늘과 실처럼 서로 밀접한 관련이 있는 것은 떨어지지 않고 항상 따른다는 뜻이에요. 사람 사이의 밀접한 관계를 비유적으로 이르는 말이에요.

 속담 속 '비유'를 생각하며 따라 써 보세요.

바	늘		가	는		데		실		간	다	.
바	늘		가	는		데		실		간	다	.

속담 속 '비유'를 생각하며 빈칸에 맞춰 써 보세요.

바늘 가는 데 실 간다.

 속닥속닥 속담

바늘과 실은 함께 쓰이는 물건이에요. 실 가는 데 바늘 간다고 해도 되겠지요? 커피와 설탕, 펜과 잉크, 바늘과 실, 버터와 빵처럼 함께 쓸 때 더 쓸모가 있는 것을 보완재라고 해요.

속담 속 '비유'가 바뀌면 어떻게 될까요? 따라 써 보세요.

 '바늘-실'을 다른 단어로 바꾸어 따라 쓰기

바늘 가는 데 실 간다.

❶ 연필 가는 데 지우개 간다.

연필 가는 데 지우개 간다.

❷ 야구 방망이 가는 데 글러브 간다.

야구 방망이 가는 데 글러브 간다.

TIP '빵과 밥', '버터와 마가린'처럼 한쪽이 있으면 다른 쪽의 쓸모가 적어지는 단어들은 '바늘과 실' 대신 들어갈 수 없어요.

 같은 뜻의 다른 속담 따라 쓰기

바늘 가는 데 실 간다.

구름 갈 제 비가 간다.

구름 갈 제 비가 간다.

52 바늘 도둑이 소도둑 된다

바늘을 훔치던 사람도 자꾸 반복하다 보면 소를 훔치게 된다는 말로 작은 나쁜 짓도 계속해서 하면 큰 잘못을 저지르게 되는 것을 경계하는 말입니다.

 속담 속 '비유'를 생각하며 따라 써 보세요.

바	늘		도	둑	이		소	도	둑		된
다	.										
바	늘		도	둑	이		소	도	둑		된
다	.										

속담 속 '비유'를 생각하며 빈칸에 맞춰 써 보세요.

바늘 도둑이 소도둑 된다.

속담속담 속담

비슷한 속담에는 '바늘 쌈지에서 도둑이 난다'가 있어요. 쌈지는 작은 주머니를 말하지요. 역시 작은 것에서 큰 잘못이 생긴다는 뜻이에요.

속담 속 '비유'가 바뀌면 어떻게 될까요? 따라 써 보세요.

 '바늘-소'를 의미가 직접적으로 드러나게 바꾸어 따라 쓰기

바늘 도둑이 소도둑 된다.

작은 도둑이 큰 도둑 된다.

작은 도둑이 큰 도둑 된다.

 '바늘-소'를 다른 단어로 바꾸어 따라 쓰기

바늘 도둑이 소도둑 된다.

빵 도둑이 보석 도둑 된다.

빵 도둑이 보석 도둑 된다.

TIP '바늘-소'는 각각 가치가 작은 물건과 큰 물건을 의미합니다. 물건의 크기만이 아니라 가치가 작은 물건이 '바늘', 가치가 큰 물건이 '소'가 되어야 해요.

53 바늘로 찔러도 피 한 방울 안 난다

사람이 무척 단단하고 야물게 생겼다는 의미와 사람의 성격이 빈틈이 없고 융통성이 없다는 뜻을 갖고 있어요. 비유적으로 냉정하고 인정머리가 없는 사람을 일컫기도 합니다.

 속담 속 '비유'를 생각하며 따라 써 보세요.

바	늘	로		찔	러	도		피		한
방	울		안		난	다	.			
바	늘	로		찔	러	도		피		한
방	울		안		난	다	.			

속담 속 '비유'를 생각하며 빈칸에 맞춰 써 보세요.

바늘로 찔러도 피 한 방울 안 난다.

 속닥속닥 속담

바늘로 찔렀는데 피가 나지 않는다니, 살아 있는 생물이 아니라 돌멩이 같은 무생물이 떠오릅니다. 그래서 단단하고 빈틈이 없어 보인다는 의미에 더해져 냉정하고 인정이 없다는 부정적인 의미로 사용됩니다.

속담 속 '비유'가 바뀌면 어떻게 될까요? 따라 써 보세요.

 같은 뜻의 다른 속담 따라 쓰기

바늘로 찔러도 피 한 방울 안 난다.

❶ 찔러도 피 한 방울 안 난다.

찔러도 피 한 방울 안 난다.

TIP 같은 단어로 구성된 속담이지만 '찌른다'는 단어를 좀 더 강조하였어요.

❷ 이마를 뚫어도 진물도 안 난다.

이마를 뚫어도 진물도 안 난다.

TIP '진물'은 상처나 부스럼에서 나는 물을 말해요. '피 한 방울'과 마찬가지로 사용되었어요.

 **발 없는 말이 천 리 간다**

 한번 내뱉은 말은 비록 발이 없지만 천 리 밖까지 순식간에 퍼진다는 뜻으로 말조심하라는 뜻이에요.

 속담 속 '비유'를 생각하며 따라 써 보세요.

발		없	는		말	이		천		리
간	다	.								
발		없	는		말	이		천		리
간	다	.								

✎ 속담 속 '비유'를 생각하며 빈칸에 맞춰 써 보세요.

발 없는 말이 천 리 간다.

 속닥속닥 속담

'리'는 거리를 나타내는 단위로 천 리는 약 400km를 말해요. '말'은 길게 발음하면 사람 입에서 나오는 소리를 뜻하고 짧게 발음하면 짐승 '말'이 되지요. 이 속담에서는 '발 없는 말'이므로 길게 소리 나는 '말' 을 뜻해요.

속담 속 '비유'가 바뀌면 어떻게 될까요? 따라 써 보세요.

 같은 뜻의 다른 속담 따라 쓰기

발 없는 말이 천 리 간다.

⬇

① 말은 한 번 나가면 사두마차라도 이를 잡지
못한다.

말은 한 번 나가면 사두마차라도 이를 잡지
못한다.

 TIP '사두마차'는 네 마리의 말이 끄는 빠른 마차를 말해요. 달리는 말이 아니라 사람의 입에서 나오는 '말'이 얼마나 빨리 퍼지는지를 알려주고 있지요.

② 낮말은 새가 듣고 밤말은 쥐가 듣는다.

낮말은 새가 듣고 밤말은 쥐가 듣는다.

 **55 배보다 배꼽이 더 크다**

 기본이 되는 것보다 덧붙여 딸린 것이 더 큰 경우를 이르는 속담이에요.

 속담 속 '비유'를 생각하며 따라 써 보세요.

배	보	다		배	꼽	이		더		크	다	.
배	보	다		배	꼽	이		더		크	다	.

✏️ 속담 속 '비유'를 생각하며 빈칸에 맞춰 써 보세요.

배보다 배꼽이 더 크다.

속닥속닥 속담

아무리 배꼽이 큰들 배보다 클 수는 없겠지요? 그런데도 배보다 배꼽이 더 클 지경이라니, 부수적으로 딸린 것이 더 클 때를 과장되게 이르는 말이에요. 우리나라 속담에는 이렇게 과장법을 써서 재미있게 표현한 속담이 많아요. '바늘 구멍으로 황소 바람 들어온다'도 과장법을 쓴 것이지요.

속담 속 '비유'가 바뀌면 어떻게 될까요? 따라 써 보세요.

 '배-배꼽'을 다른 단어로 바꾸어 따라 쓰기

배보다 배꼽이 더 크다.

① 얼굴보다 코가 더 크다.

얼굴보다 코가 더 크다.

② 발보다 발가락이 더 크다.

발보다 발가락이 더 크다.

TIP 발가락은 발에 딸린 것이니 발보다 더 크기가 어렵지요. 그런데 발보다 발가락이 더 크다고 하네요. '배-배꼽', '얼굴-코', '발-발가락'처럼 앞의 단어가 뒤의 단어를 포함하는 말이어야 합니다.

56 백지장도 맞들면 낫다

아무리 쉬운 일이라도 협력해서 하면 훨씬 수월하다는 뜻이에요.

 속담 속 '비유'를 생각하며 따라 써 보세요.

백	지	장	도		맞	들	면		낫	다	.
백	지	장	도		맞	들	면		낫	다	.

✏️ 속담 속 '비유'를 생각하며 빈칸에 맞춰 써 보세요.

백지장도 맞들면 낫다.

 속닥속닥 속담

'백지장'은 하얀 종이 낱장을 말합니다. 아주 가볍지요. '맞들다'는 물건을 양쪽에서 마주 함께 드는 것을 말해요. 종이 한 장은 함께 들 필요가 없는 아주 가벼운 물건이지만 이것도 함께하면 낫다는 말로 협력을 강조하는 속담이에요.

속담 속 '비유'가 바뀌면 어떻게 될까요? 따라 써 보세요.

 의미가 직접적으로 드러나게 바꾸어 따라 쓰기

백지장도 맞들면 낫다.

종이 한 장도 함께 들면 가볍다.

종이 한 장도 함께 들면 가볍다.

 '백지장–낫다'를 다른 단어로 바꾸어 따라 쓰기

백지장도 맞들면 낫다.

실도 맞들면 엉키지 않는다.

실도 맞들면 엉키지 않는다.

57 번갯불에 콩 볶아 먹겠다

번쩍하는 번갯불에 콩을 볶아 먹을 만큼 행동이 매우 빠르고 민첩한 것을 말해요.

 속담 속 '비유'를 생각하며 따라 써 보세요.

번	갯	불	에		콩		볶	아		먹	겠
다	.										
번	갯	불	에		콩		볶	아		먹	겠
다	.										

 속담 속 '비유'를 생각하며 빈칸에 맞춰 써 보세요.

번갯불에 콩 볶아 먹겠다.

속닥속닥 속담

번갯불에 콩을 볶아 먹으려면 정말 행동이 빨라야겠지요? 그래서 행동이 민첩한 사람이나 성질이 아주 급해 당장 어떤 일을 해치우려는 사람을 일컫는 속담이에요.

속담 속 '비유'가 바뀌면 어떻게 될까요? 따라 써 보세요.

 '콩-볶다'를 다른 단어로 바꾸어 따라 쓰기

번갯불에 콩 볶아 먹겠다.

번갯불에 쌀 튀겨 먹겠다.

번갯불에 쌀 튀겨 먹겠다.

> **TIP** '뻥이요' 하는 소리와 함께 튀겨 내는 튀밥을 아나요? 콩은 볶아 먹고, 쌀은 튀겨 먹지요. 둘 다 곡식으로 만든 간식이에요.

 같은 뜻의 다른 속담 따라 쓰기

번갯불에 콩 볶아 먹겠다.

번갯불에 콩 구워 먹다.

번갯불에 콩 구워 먹다.

> **TIP** '볶다' 대신 '굽다'를 사용한 표현이에요.

58 벙어리 냉가슴 앓듯

말을 못하는 벙어리가 안타까운 마음을 말하지 못하고 속만 끓인다는 뜻으로 답답한 사정을 다른 사람에게 말하지 못하고 혼자 괴로워하는 상황을 비유적으로 일컫는 말이에요.

📖 속담 속 '비유'를 생각하며 따라 써 보세요.

벙	어	리		냉	가	슴		앓	듯	
벙	어	리		냉	가	슴		앓	듯	

✏️ 속담 속 '비유'를 생각하며 빈칸에 맞춰 써 보세요.

벙어리 냉가슴 앓듯

속닥속닥 속담

'벙어리'라는 말은 날 때부터 혹은 후에 병을 앓아 말을 못하는 장애인을 낮추어 부르는 말이에요. '냉가슴'은 가슴이라는 단어에 한자 '차가울 냉(冷)'이 붙어 몸이 차가워 생긴 가슴 병을 뜻하며 겉으로 드러내지 못하고 속으로만 끙끙대는 것을 빗댄 표현이기도 해요.

속담 속 '비유'가 바뀌면 어떻게 될까요? 따라 써 보세요.

 같은 뜻의 다른 속담 따라 쓰기

벙어리 냉가슴 앓듯

우황 든 소 앓듯

우황 든 소 앓듯

TIP 귀한 약재로 쓰이는 '우황'은 소의 쓸개에 염증이 나 생긴 결석이에요. 그러니까 우황을 앓는 소는 몸이 좋지 않지요. 사람에겐 약재로 쓰지만 소에게는 좋을 것이 하나도 없는 것이 우황이에요. 그래서 혼자 괴로워 하는 상황을 빗대어 '우황 든 소 앓듯'이라고 비유해서 쓰게 되었어요.

 '벙어리-냉가슴'을 의미가 직접 드러나게 바꾸어 따라 쓰기

벙어리 냉가슴 앓듯

말 못할 고민에 빠지다.

말 못할 고민에 빠지다.

TIP '벙어리 냉가슴 앓듯'처럼 장애에 비유한 속담은 해당 장애를 갖고 있는 사람에게 상처가 될 수도 있으니 의미를 직접 드러내는 말로 바꾸어 쓰면 어떨까요?

59 벼 이삭은 익을수록 고개를 숙인다

교양 있고 수양이 된 사람일수록 겸손하다는 것을 벼 이삭에 비유한 속담이에요.

 속담 속 '비유'를 생각하며 따라 써 보세요.

벼		이	삭	은		익	을	수	록		고
개	를		숙	인	다	.					
벼		이	삭	은		익	을	수	록		고
개	를		숙	인	다	.					

 속담 속 '비유'를 생각하며 빈칸에 맞춰 써 보세요.

벼 이삭은 익을수록 고개를 숙인다.

 속닥속닥 속담

벼는 처음에는 꼿꼿하게 서 있지만, 이삭이 차 점점 여물어 갈수록 고개를 숙여요. 가을이 되면 논에서 고개 숙인 벼를 볼 수 있지요. 벼 이삭의 이런 모습을 겸손한 사람에 비유한 속담이에요.

속담 속 '비유'가 바뀌면 어떻게 될까요? 따라 써 보세요.

 같은 뜻의 다른 속담 따라 쓰기

벼 이삭은 익을수록 고개를 숙인다.

1 병에 가득 찬 물은 흔들어도 소리가 나지

않는다.

병에 가득 찬 물은 흔들어도 소리가 나지

않는다.

2 깊은 강은 조용히 흐른다.

깊은 강은 조용히 흐른다.

60 빛 좋은 개살구

겉보기에는 좋은 빛깔을 띠고 있지만 맛이 없는 개살구에 비유해서 겉만 그럴듯하고 실속이 없는 경우를 이르는 속담이에요.

 속담 속 '비유'를 생각하며 따라 써 보세요.

빛		좋	은		개	살	구		
빛		좋	은		개	살	구		

속담 속 '비유'를 생각하며 빈칸에 맞춰 써 보세요.

빛 좋은 개살구

 속닥속닥 속담

개살구는 시고 떫어서 보통 살구와 달리 맛이 없어요. 겉으로 보기에 빛깔이 좋아 보여 먹었지만 개살구라 맛이 없다면 겉보기와 달라 실망하겠지요? 겉과 속이 다른 경우를 뜻하는 한자성어로는 '양두구육(羊頭狗肉)'이 있어요. '양 머리를 걸어 놓고 개고기를 판다'는 뜻으로 겉은 훌륭해 보이지만 속은 그렇지 않은 경우를 말합니다.

61 뿌린 대로 거둔다

모든 일은 정성을 다한 만큼 결실을 맺게 되어 있다는 뜻이에요.

 속담 속 '비유'를 생각하며 따라 써 보세요.

뿌	린		대	로		거	둔	다	.		
뿌	린		대	로		거	둔	다	.		

 속담 속 '비유'를 생각하며 빈칸에 맞춰 써 보세요.

뿌린 대로 거둔다.

 속닥속닥 속담

봄에 씨를 뿌리지 않으면 가을에 거둘 것이 없지요. 땅에 씨앗을 뿌리면 뿌린 씨앗의 싹이 자라 뿌린 만큼 결실을 맺게 된답니다.

62 사공이 많으면 배가 산으로 간다

뱃사공 여럿이 배를 몰려고 하면 결국에는 배가 물로 못 가고 산으로 올라간다는 뜻으로, 여러 사람이 자기주장만 내세우면 일이 제대로 되기 어려움을 비유적으로 이르는 말이에요.

 속담 속 '비유'를 생각하며 따라 써 보세요.

사	공	이		많	으	면		배	가		산
으	로		간	다	.						
사	공	이		많	으	면		배	가		산
으	로		간	다	.						

✎ 속담 속 '비유'를 생각하며 빈칸에 맞춰 써 보세요.

사공이 많으면 배가 산으로 간다.

 속닥속닥 속담

비슷한 뜻의 한자성어에는 '오합지졸(烏合之卒)'이 있어요. 까마귀가 모인 것처럼 질서가 없이 모인 병졸이라는 뜻으로, 규율이 없고 무질서한 군중을 이르는 말이에요.

속담 속 '비유'가 바뀌면 어떻게 될까요? 따라 써 보세요.

 의미가 직접적으로 드러나게 바꾸어 따라 쓰기

사공이 많으면 배가 산으로 간다.

참견하는 사람이 많으면 일을 이루기 어렵다.

참견하는 사람이 많으면 일을 이루기 어렵다.

 '사공-배-산'을 다른 단어로 바꾸어 따라 쓰기

사공이 많으면 배가 산으로 간다.

비행사가 많으면 비행기가 바다로 간다.

비행사가 많으면 비행기가 바다로 간다.

63 사람은 죽으면 이름을 남기고 범은 죽으면 가죽을 남긴다

살았을 때 좋은 일을 하면 그 명예와 이름이 죽은 뒤까지 남는다는 말이에요.

 속담 속 '비유'를 생각하며 따라 써 보세요.

사	람	은		죽	으	면		이	름	을
남	기	고		범	은		죽	으	면		가
죽	을		남	긴	다	.				
사	람	은		죽	으	면		이	름	을
남	기	고		범	은		죽	으	면		가
죽	을		남	긴	다	.				

✎ 속담 속 '비유'를 생각하며 빈칸에 맞춰 써 보세요.

사람은 죽으면 이름을 남기고 범은 죽으면 가죽을 남긴다.

옛날 사람들이 호랑이를 잡은 이유는 비싼 값에 팔리는 호랑이 가죽을 얻기 위해서였어요. 그런데 사람은 죽은 뒤에 무엇을 남겨야 할까요? 바로 남은 사람들에게 좋은 기억을 남겨야 할 거예요. 이 속담은 좋은 일을 많이 하며 살라는 뜻을 담고 있어요. '호사유피 인사유명(虎死留皮 人死留名)'이라는 한자성어로 말하기도 해요.

 속담 속 '비유'가 바뀌면 어떻게 될까요? 따라 써 보세요.

 같은 뜻의 다른 속담 따라 쓰기

사람은 죽으면 이름을 남기고 범은 죽으면

가죽을 남긴다.

표범은 죽어서 가죽을 남기고 사람은 죽으면

이름을 남긴다.

표범은 죽어서 가죽을 남기고 사람은 죽으면

이름을 남긴다.

TIP 이 속담에서 중요한 부분은 '사람은 죽으면 이름을 남긴다.'는 부분이에요. '범은 죽어서 가죽을 남긴다'는 이를 강조하기 위한 말이니 다른 단어로 바뀌어도 상관없지요. 옛날 중국의 왕언장이라는 사람이 즐겨 쓴 말이라고 해요. 후대에 표범이 호랑이로 바뀌어 널리 쓰이게 되었지요.

64 사촌이 땅을 사면 배가 아프다

남이 잘 되는 것을 기뻐해 주지 않고 오히려 시기하고 질투하는 마음을 담은 속담이에요.

 속담 속 '비유'를 생각하며 따라 써 보세요.

사	촌	이		땅	을		사	면		배	가	V
아	프	다	.									
사	촌	이		땅	을		사	면		배	가	
아	프	다	.									

✏️ 속담 속 '비유'를 생각하며 빈칸에 맞춰 써 보세요.

사촌이 땅을 사면 배가 아프다.

속닥속닥 속담

사촌은 아버지의 형제나 자매의 자식을 말해요. 사촌이면 가까운 친척인데도 사촌이 땅을 사자 내 배가 아프다니, 가까운 사람이 잘되는 것을 시샘하는 마음을 배가 아픈 것으로 표현한 속담이에요.

속담 속 '비유'가 바뀌면 어떻게 될까요? 따라 써 보세요.

 '사촌-땅'을 다른 단어로 바꾸어 따라 쓰기

| 사촌이 땅을 사면 배가 아프다. |

| 친구가 급제를 하면 배가 아프다. |

| 친구가 급제를 하면 배가 아프다. |

| |

TIP 급제는 옛날 과거 시험에 합격하는 것을 말해요. '사촌-땅'대신에 '가까운 사람과 좋은 일'이 들어가면 됩니다.

 '배가 아프다'를 다른 단어로 바꾸어 따라 쓰기

| 사촌이 땅을 사면 배가 아프다. |

| 사촌이 땅을 사면 속이 쓰리다. |

| 사촌이 땅을 사면 속이 쓰리다. |

| |

TIP '쓰리다'는 마음이 쑤시는 것처럼 아프고 괴롭다는 뜻이에요.

 **65** **서당 개 삼 년이면 풍월을 읊는다**

 어떤 분야에 대하여 지식과 경험이 전혀 없는 사람이라도 그 부문에 오래 있으면 얼마간의 지식과 경험을 갖게 된다는 것을 비유적으로 이르는 말이에요.

 속담 속 '비유'를 생각하며 따라 써 보세요.

서	당	개	삼	년이면	풍
월	을	읊	는	다	.
서	당	개	삼	년이면	풍
월	을	읊	는	다	.

✎ 속담 속 '비유'를 생각하며 빈칸에 맞춰 써 보세요.

서당 개 삼 년이면 풍월을 읊는다.

 속닥속닥 속담

서당은 옛날 한자와 경전을 가르치던 마을 안의 학교예요. 서당에서는 늘 한자와 시를 읊는 소리가 들리곤 했지요. 서당 마당에 사는 개도 이 소리를 듣다 보면 시를 읊을 정도가 된다는 뜻이에요.

속담 속 '비유'가 바뀌면 어떻게 될까요? 따라 써 보세요.

 같은 뜻의 다른 속담 따라 쓰기

서당 개 삼 년이면 풍월을 읊는다.

1 서당 개 삼 년이면 풍월을 짓는다.

서당 개 삼 년이면 풍월을 짓는다.

2 독서당 개가 맹자 왈 한다.

독서당 개가 맹자 왈 한다.

TIP 독서당은 서당과 같은 말이에요. 시구를 의미하는 '풍월'이라는 단어 대신 책의 글귀 중 하나인 '맹자 왈'을 넣었네요.

 **세 살 버릇 여든까지 간다**

 어릴 때 몸에 밴 버릇은 나이가 들어서까지 고치기 힘들다는 뜻으로, 어릴 때부터 좋은 버릇을 갖도록 노력해야 한다는 뜻이에요.

 속담 속 '비유'를 생각하며 따라 써 보세요.

세		살		버	릇		여	든	까	지
간	다	.								
세		살		버	릇		여	든	까	지
간	다	.								

 속담 속 '비유'를 생각하며 빈칸에 맞춰 써 보세요.

세 살 버릇 여든까지 간다.

속닥속닥 속담

세 살은 아주 어린 아이지요. 여든은 80세 노인이에요. 세 살 때 생긴 버릇이 80세까지 간다고 하니, 한 번 몸에 밴 습관이 얼마나 고치기 어려운지 알 수 있어요.

속담 속 '비유'가 바뀌면 어떻게 될까요? 따라 써 보세요.

 같은 뜻의 다른 속담 따라 쓰기

세 살 버릇 여든까지 간다.

❶ 어릴 적 버릇은 늙어서까지 간다.

어릴 적 버릇은 늙어서까지 간다.

❷ 어릴 때 굽은 길맛가지

어릴 때 굽은 길맛가지

TIP 길맛가지는 소나 말의 등에 얹는 굽은 모양의 안장을 만드는 나무예요. 나무가 어릴 때부터 굽어서 길맛가지로밖에 쓸 수 없게 되었다는 뜻으로, 좋지 않은 버릇이 아주 어렸을 때부터 굳어 버려서 고치지 못하는 것을 비유적으로 이르는 속담이에요.

❸ 한 번 검으면 흴 줄 모른다.

한 번 검으면 흴 줄 모른다.

67 소 뒷걸음질 치다 쥐 잡기

소가 뒤로 걸어가다가 우연히 채인 쥐를 잡게 되었다는 말로 어떤 사람이 우연히 공을 세운 경우를 비유적으로 하는 말이에요.

 속담 속 '비유'를 생각하며 따라 써 보세요.

소		뒷	걸	음	질		치	다		쥐
잡	기									
소		뒷	걸	음	질		치	다		쥐
잡	기									

속담 속 '비유'를 생각하며 빈칸에 맞춰 써 보세요.

소 뒷걸음질 치다 쥐 잡기

속닥속닥 속담

시골에서 쥐는 골칫거리라 없애려고 노력하지요. 소는 덩치가 꽤 큰 동물이에요. 날쌔고 재빠른 쥐를 잡기에는 어려운 점이 많아요. 그런데 소가 우연히 뒤로 걷다가 발에 쥐가 걸려 잡힌 것을 상상해 보세요. 소의 능력과 관계없이 우연히 뜻밖의 성과를 내게 된 경우지요.

속담 속 '비유'가 바뀌면 어떻게 될까요? 따라 써 보세요.

 같은 뜻의 다른 속담 따라 쓰기

소 뒷걸음질 치다 쥐 잡기

❶ 우물 파다 노다지 캐다.

우물 파다 노다지 캐다.

> **TIP** 어떤 일을 하려고 노력하지 않았는데 우연히 성과를 낸 경우를 찾아보면 되지요. 노다지는 쇠나 금 따위의 광물이 많이 묻혀 있는 곳을 말해요. 우물을 파려 했는데 우연히 광맥을 찾은 경우지요.

❷ 소경 문고리 잡은 격

소경 문고리 잡은 격

> **TIP** 소경은 눈이 보이지 않는 사람이에요. 눈이 보이지 않아 잡기 어려운 문고리를 우연히 잡게 된 경우니 '소 뒷걸음질 치다 쥐 잡기'와 비슷한 의미지요.

 **소 잃고 외양간 고친다**

 이미 일이 잘못된 후에는 후회하고 대비를 해도 소용이 없다는 뜻이에요.

 속담 속 '비유'를 생각하며 따라 써 보세요.

소		잃	고		외	양	간		고	친	다	.
소		잃	고		외	양	간		고	친	다	.

✏️ 속담 속 '비유'를 생각하며 빈칸에 맞춰 써 보세요.

소 잃고 외양간 고친다.

속담속닥 속담

외양간은 소나 말을 키우는 우리를 말해요. 외양간을 대충 만들어 놓아 소가 그만 외양간을 나가 버리고 말았어요. 그 뒤 후회를 하면서 외양간을 고쳐도 잃어버린 소를 되찾을 수는 없겠지요? 이 속담은 이미 그르친 일을 다시 되돌릴 수 없다는 뜻으로 뒤늦게 무엇에 대비하는 경우에 쓰여요. '망우보뢰(亡牛補牢)'라는 한자성어로 말할 수도 있어요.

속담 속 '비유'가 바뀌면 어떻게 될까요? 따라 써 보세요.

 같은 뜻의 다른 속담 따라 쓰기

| 소 잃고 외양간 고친다. |

1 사후약방문

사후약방문

| |

TIP 약방문은 어떤 병에 어떤 약을 쓸지 적은 처방전이에요. 이미 죽은 뒤에는 약을 써도 소용이 없다는 뜻이지요.

2 이미 엎질러진 물이다.

이미 엎질러진 물이다.

| |

TIP 외국에도 같은 뜻을 가진 속담이 있어요. '엎지른 우유는 도로 담을 수 없다(It is no use crying over split milk)'로 '물'을 '우유'로 표현한 점이 다르네요.

69 쇠뿔도 단김에 빼랬다

어떤 일을 하려고 했으면 망설이지 말고 곧 행동으로 옮기라는 뜻이에요.

 속담 속 '비유'를 생각하며 따라 써 보세요.

쇠	뿔	도		단	김	에		빼	랬	다	.
쇠	뿔	도		단	김	에		빼	랬	다	.

 속담 속 '비유'를 생각하며 빈칸에 맞춰 써 보세요.

쇠뿔도 단김에 빼랬다.

속닥속닥 속담

쇠뿔은 소의 뿔인데, 예전에는 소의 뿔이 여러 가지로 널리 쓰이는 재료였어요. 그런데 소의 뿔은 딱딱해서 잘 빠지지 않지요. 소의 뿔을 달구어 뜨거울 때 빼면 좀더 잘 빠진다는 것을 알게 되었어요. 여기에서 이 속담이 유래하게 되었지요. '단김에'는 '달구어진 김에'라는 뜻입니다.

수박 겉 핥기

수박을 먹으려는데 딱딱한 겉만 핥고 있다는 뜻으로, 사물의 속 내용은 모르고 겉만 건드리는 일을 비유적으로 이르는 말입니다.

 속담 속 '비유'를 생각하며 따라 써 보세요.

수	박		겉		핥	기			
수	박		겉		핥	기			

 속담 속 '비유'를 생각하며 빈칸에 맞춰 써 보세요.

수박 겉 핥기

속닥속닥 속담

맛있는 수박을 먹으려면 수박을 갈라서 속을 먹어야 하는데, 수박의 겉껍질만 핥고 있어요. 사물의 진짜 내용은 알지 못하고 겉만 알고 있는 경우를 일컫는 말이에요.

123

71 식은 죽 먹기

하기에 매우 쉬운 일을 두고 하는 말이에요.

 속담 속 '비유'를 생각하며 따라 써 보세요.

식	은		죽		먹	기			
식	은		죽		먹	기			

속담 속 '비유'를 생각하며 빈칸에 맞춰 써 보세요.

식은 죽 먹기

속닥속닥 속담

죽은 딱딱하지 않아 먹기 편한 음식이에요. 식은 죽은 뜨겁지 않으니 더욱 먹기가 쉽겠지요. 그래서 '식은 죽 먹기'는 무척 쉬운 일을 비유적으로 표현한 말입니다.

속담 속 '비유'가 바뀌면 어떻게 될까요? 따라 써 보세요.

 같은 뜻의 다른 속담 따라 쓰기

식은 죽 먹기

1 누워서 떡 먹기

누워서 떡 먹기

2 땅 짚고 헤엄치기

땅 짚고 헤엄치기

3 손바닥 뒤집기

손바닥 뒤집기

125

72 신선놀음에 도낏자루 썩는 줄 모른다

아주 재미있는 일에 정신이 팔려서 시간이 가는 줄도 모르는 경우를 비유적으로 이르는 말이에요.

 속담 속 '비유'를 생각하며 따라 써 보세요.

신	선	놀	음	에		도	낏	자	루		썩
는		줄		모	른	다	.				
신	선	놀	음	에		도	낏	자	루		썩
는		줄		모	른	다	.				

✏️ 속담 속 '비유'를 생각하며 빈칸에 맞춰 써 보세요.

신선놀음에 도낏자루 썩는 줄 모른다.

속닥속닥 속담

옛날 한 나무꾼이 나무를 하러 산속에 들어갔다가 두 백발노인이 바둑을 두고 있는 것을 한참 구경했어요. 돌아가려고 옆에 세워 둔 도끼를 집었더니 자루가 썩어 있었어요. 마을에 내려오니 마을은 완전히 바뀌어 있고 시간이 엄청나게 흘러 버렸다는 이야기에서 유래한 속담이에요.

73 쏘아 놓은 화살이요 엎지른 물이다

한번 저지른 일은 돌이킬 수 없다는 뜻이에요.

 속담 속 '비유'를 생각하며 따라 써 보세요.

쏘	아		놓	은		화	살	이	요		엎
지	른		물	이	다	.					
쏘	아		놓	은		화	살	이	요		엎
지	른		물	이	다	.					

 속담 속 '비유'를 생각하며 빈칸에 맞춰 써 보세요.

쏘아 놓은 화살이요 엎지른 물이다.

 속담속닥 속담

한번 활시위를 당겨 쏘아 버린 화살은 다시 잡을 수가 없어요. 한번 엎지른 물도 도로 담을 수가 없지요.
한번 저지른 일은 다시 고치거나 돌이키기가 어렵다는 것을 비유적으로 이르는 말입니다.

74 아니 땐 굴뚝에 연기 나랴

어떤 일이든 원인이 없는 결과는 없다는 뜻이에요. 무성한 소문에는 반드시 원인이 있을 거라고 추측할 때 쓰는 말이지요.

 속담 속 '비유'를 생각하며 따라 써 보세요.

아	니		땐		굴	뚝	에		연	기	
나	랴	.									
아	니		땐		굴	뚝	에		연	기	
나	랴	.									

✎ 속담 속 '비유'를 생각하며 빈칸에 맞춰 써 보세요.

아니 땐 굴뚝에 연기 나랴.

 속닥속닥 속담

아궁이에 불을 때면 굴뚝에서 연기가 납니다. 불을 때지 않았는데 굴뚝에서 연기가 나는 일은 있기 어렵지요. 그래서 모든 일에는 원인이 있다는 뜻으로 쓰입니다.

속담 속 '비유'가 바뀌면 어떻게 될까요? 따라 써 보세요.

 같은 뜻의 다른 속담 따라 쓰기

아니 땐 굴뚝에 연기 나랴.

❶ 불 안 땐 굴뚝에 연기 날까.

불 안 땐 굴뚝에 연기 날까.

❷ 뿌리 없는 나무에 잎이 필까.

뿌리 없는 나무에 잎이 필까.

❸ 아니 때린 장구 북소리 날까.

아니 때린 장구 북소리 날까.

 **아닌 밤중에 홍두깨**

 별안간 엉뚱한 말이나 행동을 함을 비유적으로 이르는 말이에요. 뜻하지 않은 일이 갑작스럽게 터졌을 때 쓰기도 하지요.

 속담 속 '비유'를 생각하며 따라 써 보세요.

아	닌		밤	중	에		홍	두	깨	
아	닌		밤	중	에		홍	두	깨	

속담 속 '비유'를 생각하며 빈칸에 맞춰 써 보세요.

아닌 밤중에 홍두깨

 속닥속닥 속담

홍두깨는 다듬이질 할 때 쓰는 긴 방망이에요. 갑자기 홍두깨 소리가 나면 깜짝 놀라겠지요? 이처럼 갑자기 상상도 못한 일을 당하거나 엉뚱한 말을 해서 어리둥절할 때 쓴답니다.

속담 속 '비유'가 바뀌면 어떻게 될까요? 따라 써 보세요.

 같은 뜻의 다른 속담 따라 쓰기

아닌 밤중에 홍두깨

⬇

❶ 자다가 봉창 두드린다.

자다가 봉창 두드린다.

 봉창은 옛날 집에서 빛을 들이려고 낸 작은 창인데 종이로 막아 두어 열 수 없는 창문이에요. 자다가 이것을 두드린다니 이보다 더 황당할 수 있을까요?

❷ 귀신 씻나락 까먹는다.

귀신 씻나락 까먹는다.

 씻나락은 한 해의 농사를 짓기 위해 남겨둔 볍씨를 남쪽에서 사투리로 부르는 말이에요. 귀신이 이 볍씨를 까서 먹는 소리라니, 황당하고 이치에 닿지 않는 말을 뜻해요.

76 어물전 망신은 꼴뚜기가 시킨다

못난 사람일수록 같이 있는 동료를 망신시킨다는 말로, 어리석은 사람 한 명이 주변에 있는 다른 사람까지 망신시킬 때 사용하는 속담이에요.

 속담 속 '비유'를 생각하며 따라 써 보세요.

어	물	전		망	신	은		꼴	뚜	기	가	V
시	킨	다	.									
어	물	전		망	신	은		꼴	뚜	기	가	
시	킨	다	.									

✏️ 속담 속 '비유'를 생각하며 빈칸에 맞춰 써 보세요.

어물전 망신은 꼴뚜기가 시킨다.

속닥속닥 속담

어물전은 생선이나 김, 건어물 등의 어물을 주로 파는 가게예요. 꼴뚜기는 크기가 작고 먹을 것이 별로 없다고 볼품없는 생선 취급받아요. 그래서 꼴뚜기가 있는 어물전 전체가 볼품없어 보인다는 의미로 이 속담이 쓰이고 있어요.

속담 속 '비유'가 바뀌면 어떻게 될까요? 따라 써 보세요.

 같은 뜻의 다른 속담 따라 쓰기

어물전 망신은 꼴뚜기가 시킨다.

❶ 과물전 망신은 모과가 시킨다.

과물전 망신은 모과가 시킨다.

TIP 과물전은 과일을 파는 가게를 말해요. 울퉁불퉁 생김새가 못생긴 모과가 보기 좋은 다른 과일까지 망신시킨다는 의미예요.

❷ 둠벙 망신은 미꾸라지가 시킨다.

둠벙 망신은 미꾸라지가 시킨다.

TIP 둠벙은 웅덩이라는 뜻이에요. 미꾸라지가 웅덩이를 다니면서 물을 흐려 놓기 때문에 이런 속담이 나오게 되었어요.

77 열 번 찍어 아니 넘어가는 나무 없다

여러 번 계속해서 애쓰면 어떤 일이라도 이룰 수 있다는 뜻으로 꾸준히 노력
하면 원하는 바를 이룰 수 있다는 말이에요.

 속담 속 '비유'를 생각하며 따라 써 보세요.

열	번	찍어		아니		넘어
가는		나무		없다	.	
열	번	찍어		아니		넘어
가는		나무		없다	.	

✏️ 속담 속 '비유'를 생각하며 빈칸에 맞춰 써 보세요.

열 번 찍어 아니 넘어가는 나무 없다.

속닥속닥 속담

아무리 큰 나무라도 계속 도끼질을 하다 보면 결국에는 쓰러지고 말겠지요? 그래서 이 속담은 여러 번
꾀고 달래면 아무리 굳건했던 마음도 달라진다는 의미로도 쓰여요. 한자성어로는 '십벌지목(十伐之
木)'이라고 표현하지요.

78 오르지 못할 나무는 쳐다보지도 마라

될 수 없는 일은 처음부터 바라지도 말라는 뜻으로 '열 번 찍어 아니 넘어가는 나무 없다'는 속담과는 반대의 의미를 갖고 있네요.

 속담 속 '비유'를 생각하며 따라 써 보세요.

오	르	지		못	할		나	무	는		쳐
다	보	지	도		마	라	.				
오	르	지		못	할		나	무	는		쳐
다	보	지	도		마	라	.				

 속담 속 '비유'를 생각하며 빈칸에 맞춰 써 보세요.

오르지 못할 나무는 쳐다보지도 마라.

속닥속닥 속담

자기 능력 밖의 불가능한 일에 대해서는 처음부터 시작도 하지 말라는 뜻이에요. 안 되는 일에 괜히 힘을 낭비하지는 말라는 뜻이지요.

79 우물을 파도 한 우물을 파라

여러 가지 일을 너무 벌이거나 하던 일을 바꾸면 아무런 성과가 없으니 어떠한 일이든 한 가지 일을 끝까지 해야 한다는 뜻의 속담이에요.

 다음 속담을 바르게 따라 써 보세요.

우	물	을		파	도		한		우	물	을 V
파	라	.									
우	물	을		파	도		한		우	물	을
파	라	.									

 속담 속 '비유'를 생각하며 빈칸에 맞춰 써 보세요.

우물을 파도 한 우물을 파라.

 속닥속닥 속담

우물을 새로 만들 때는 땅을 깊이 파서 지하수가 지나가는 곳을 만나야 하지요. 그런데 여기도 조금 파 보고, 다시 다른 곳도 조금 파다 보면 힘은 힘대로 들고 결국 우물을 만들 수 없겠지요. 이 속담은 그래서 끈기 있게 한 가지 일을 하라는 의미로 쓰여요.

속담 속 '비유'가 바뀌면 어떻게 될까요? 따라 써 보세요.

 '우물-파다'를 다른 단어로 바꾸어 따라 쓰기

우물을 파도 한 우물을 파라.

① 나무를 찍어도 한 나무를 찍어라.

나무를 찍어도 한 나무를 찍어라.

② 토끼를 쫓아도 한 토끼를 쫓아라.

토끼를 쫓아도 한 토끼를 쫓아라.

80 울며 겨자 먹기

맵다고 울면서도 겨자를 먹는다는 말로, 하기 싫은 일을 마지못해 억지로 하는 모습을 비유적으로 이르는 말이에요.

 속담 속 '비유'를 생각하며 따라 써 보세요.

울	며		겨	자		먹	기			
울	며		겨	자		먹	기			

✎ 속담 속 '비유'를 생각하며 빈칸에 맞춰 써 보세요.

울며 겨자 먹기

속닥속닥 속담

겨자는 음식의 향을 돋우는 일종의 향신료로 사용되는 풀이에요. 매워서 먹기가 힘들지요. 이 겨자를 울면서도 억지로 먹는다는 말은 하기 싫고 내키지 않지만 어쩔 수 없이 할 수 밖에 없는 경우에 사용돼요. '울면서 겨자 먹기', '눈물 흘리면서 겨자 먹기' 등으로 쓰이지요.

81 원수는 외나무다리에서 만난다

싫어하는 대상을 공교롭게도 피할 수 없는 곳에서 만나게 되는 것을 이르는 속담이에요.

 속담 속 '비유'를 생각하며 따라 써 보세요.

원	수	는		외	나	무	다	리	에	서
만	난	다	.							
원	수	는		외	나	무	다	리	에	서
만	난	다	.							

 속담 속 '비유'를 생각하며 빈칸에 맞춰 써 보세요.

원수는 외나무다리에서 만난다.

 속닥속닥 속담

외나무다리는 통나무 하나만으로 시내를 건너가도록 되어 있어 원수를 만나면 곤란해지는 경우가 있다는 말이에요. 그래서 남에게 악한 일을 하면 그 죄를 받을 때가 온다는 뜻으로도 쓰여요.

139

 **82** **원숭이도 나무에서 떨어진다**

 아무리 잘하는 사람이라도 실수할 때가 있다는 뜻이에요.

 속담 속 '비유'를 생각하며 따라 써 보세요.

원	숭	이	도		나	무	에	서		떨	어
진	다	.									
원	숭	이	도		나	무	에	서		떨	어
진	다	.									

 속담 속 '비유'를 생각하며 빈칸에 맞춰 써 보세요.

원숭이도 나무에서 떨어진다.

 속닥속닥 속담

원숭이는 나무의 이쪽저쪽을 자유롭게 건너다니지요. 그런 원숭이가 나무에서 떨어지는 경우가 있다는
이 속담은 아무리 능숙한 일에도 실수하거나 실패할 수 있다는 의미입니다.

속담 속 '비유'가 바뀌면 어떻게 될까요? 따라 써 보세요.

 같은 뜻의 다른 속담 따라 쓰기

원숭이도 나무에서 떨어진다.

1 나무 잘 타는 잔나비 나무에서 떨어진다.

나무 잘 타는 잔나비 나무에서 떨어진다.

TIP 잔나비는 원숭이를 일컫는 다른 말이에요.

2 닭도 홰에서 떨어지는 날이 있다.

닭도 홰에서 떨어지는 날이 있다.

TIP 홰는 닭이 올라가서 자는 긴 막대기를 말해요. 늘 홰에서 사는 닭도 홰에서 떨어지는 날이 있다니, '원숭이도 나무에서 떨어진다'와 같은 말이지요.

 **윗물이 맑아야 아랫물이 맑다**

 윗사람이 잘해야 아랫사람이 잘한다는 뜻으로 위에서 먼저 모범을 보여야 한다는 뜻이에요.

 속담 속 '비유'를 생각하며 따라 써 보세요.

윗	물	이		맑	아	야		아	랫	물	이	∨
맑	다	.										
윗	물	이		맑	아	야		아	랫	물	이	
맑	다	.										

속담 속 '비유'를 생각하며 빈칸에 맞춰 써 보세요.

윗물이 맑아야 아랫물이 맑다.

 속닥속닥 속담

물은 위에서 아래로 흐릅니다. 위에서 흘러내려 온 물이 더러운데 아랫물이 맑기란 어렵겠지요. 아랫물이 맑길 바란다면 윗물이 먼저 맑아져야 하는 물의 이치에, 위에서 먼저 솔선수범하라는 뜻을 담았어요.

속담 속 '비유'가 바뀌면 어떻게 될까요? 따라 써 보세요.

 같은 뜻의 다른 속담 따라 쓰기

윗물이 맑아야 아랫물이 맑다.

① 윗물이 흐리면 아랫물도 흐리다.

윗물이 흐리면 아랫물도 흐리다.

> **TIP** '맑다'와 반대되는 '흐리다'를 이용해서 같은 뜻의 속담을 표현했어요.

② 꼭뒤에 부은 물이 발뒤꿈치로 내린다.

꼭뒤에 부은 물이 발뒤꿈치로 내린다.

> **TIP** '꼭뒤'는 뒷통수의 한 가운데를 말해요. 머리 꼭대기에서 부은 물은 발뒤꿈치까지 흘러내릴 수 밖에 없지요. 그래서 윗사람이 한 일이 아랫사람에게 영향을 미친다는 의미의 속담이 되었어요.

84 이 없으면 잇몸으로 산다

없으면 안 될 것 같은 요긴한 것도 없으면 없는 대로 그럭저럭 살아 나갈 수
있음을 이르는 속담이에요.

 속담 속 '비유'를 생각하며 따라 써 보세요.

이		없	으	면		잇	몸	으	로		산
다	.										
이		없	으	면		잇	몸	으	로		산
다	.										

✏️ 속담 속 '비유'를 생각하며 빈칸에 맞춰 써 보세요.

이 없으면 잇몸으로 산다.

속닥속닥 속담

음식물을 씹어 삼키기 위해서는 이가 꼭 있어야 해요. 그런데 이가 다 빠져 버리면 어떻게 할까요? 부드
러운 음식을 잇몸으로라도 우물우물해서 삼키며 살겠지요. 없으면 매우 불편하고, 꼭 필요한 것이더라도
없는 대로 방도가 생기는 것을 이르는 속담입니다.

속담 속 '비유'가 바뀌면 어떻게 될까요? 따라 써 보세요.

 같은 뜻의 다른 속담 따라 쓰기

> 이 없으면 잇몸으로 산다.

> 꿩 대신 닭

> 꿩 대신 닭

>

TIP 필요한 것이 없을 때 비슷한 다른 것으로 대체한다는 뜻이에요. 옛날에는 설에 꿩으로 떡국을 많이 끓여 먹었는데 꿩이 귀하니 닭으로 끓여 먹는다는 데서 유래했다고 해요.

 '이-잇몸-산다'를 다른 단어로 바꾸어 따라 쓰기

> 이 없으면 잇몸으로 산다.

> 젓가락 없으면 손으로 먹는다.

> 젓가락 없으면 손으로 먹는다.

>

85 입이 열 개라도 할 말이 없다

잘못이 다 드러나 변명의 여지가 없을 때 쓰는 속담이에요.

 속담 속 '비유'를 생각하며 따라 써 보세요.

입	이	열	개	라	도		할		말
이		없	다	.					
입	이	열	개	라	도		할		말
이		없	다	.					

✏️ 속담 속 '비유'를 생각하며 빈칸에 맞춰 써 보세요.

입이 열 개라도 할 말이 없다.

속닥속닥 속담

하나만 있는 입으로도 하고 싶은 말을 다 하는데, 입이 열 개나 되는데도 아무 말도 못한다는 것은 그만큼 더 덧붙일 말이 없다는 것이지요. 한자성어로 입이 있으나 할 말이 없다고 해서 '유구무언 (有口無言)'이라고 씁니다.

146

속담 속 '비유'가 바뀌면 어떻게 될까요? 따라 써 보세요.

 같은 뜻의 다른 속담 따라 쓰기

| 입이 열 개라도 할 말이 없다. |

❶ 입이 열둘이라도 말 못한다.

입이 열둘이라도 말 못한다.

| |

TIP 입의 개수가 더 늘어났네요.

❷ 입이 광주리만 해도 말 못한다.

입이 광주리만 해도 말 못한다.

| |

TIP 입이 광주리만큼이나 큰데도 할 말이 없다고 하네요. 입의 개수나 입의 크기를 과장해서 의미를 강조했어요.

86 자라 보고 놀란 가슴 솥뚜껑 보고 놀란다

어떤 일에 몹시 놀라거나 호되게 당한 사람은 비슷한 사물만 보아도 공연히 겁을 낸다는 의미예요.

 속담 속 '비유'를 생각하며 따라 써 보세요.

자	라		보	고		놀	란		가	슴
솥	뚜	껑		보	고		놀	란	다	.
자	라		보	고		놀	란		가	슴
솥	뚜	껑		보	고		놀	란	다	.

 속담 속 '비유'를 생각하며 빈칸에 맞춰 써 보세요.

자라 보고 놀란 가슴 솥뚜껑 보고 놀란다.

속닥속닥 속담

자라를 보고 깜짝 놀란 사람이 자라의 등껍질처럼 생긴 솥뚜껑을 보고 지레 깜짝 놀랐다고 해요. 거기에서 비롯하여 무엇에 호되게 놀라면 비슷한 것에도 마찬가지로 반응하는 상황에 쓰이게 된 속담이에요.

속담 속 '비유'가 바뀌면 어떻게 될까요? 따라 써 보세요.

 같은 뜻의 다른 속담 따라 쓰기

자라 보고 놀란 가슴 솥뚜껑 보고 놀란다.

❶ 더위 먹은 소 달만 보아도 헐떡인다.

더위 먹은 소 달만 보아도 헐떡인다.

TIP 태양이 뜨거운 날 더위를 먹은 소가 달을 보고도 마찬가지 반응을 한다는 말이에요.

❷ 국에 덴 놈 냉수 보고도 놀란다.

국에 덴 놈 냉수 보고도 놀란다.

❸ 몹시 데면 회도 불어 먹는다.

몹시 데면 회도 불어 먹는다.

TIP 회는 생선이나 육류를 날로 먹는 것이에요. 열을 가하지 않는 음식이니 뜨겁지 않은데 덴 경험 때문에 후후 불어서 먹는다는 말이에요.

87 자랄 나무는 떡잎부터 알아본다

앞으로 크게 될 사람은 어려서부터 장래성이 엿보인다는 뜻이에요.

 속담 속 '비유'를 생각하며 따라 써 보세요.

자	랄		나	무	는		떡	잎	부	터
알	아	본	다	.						
자	랄		나	무	는		떡	잎	부	터
알	아	본	다	.						

✏️ 속담 속 '비유'를 생각하며 빈칸에 맞춰 써 보세요.

자랄 나무는 떡잎부터 알아본다.

속닥속닥 속담

씨앗이 움트면서 제일 처음 나오는 잎이 떡잎이에요. 떡잎이 튼튼하고 크면 앞으로 잘 자랄 것이라 예측
되는 것처럼, 크게 될 사람은 미리 알아볼 수 있다는 의미로 쓰이지요.

속담 속 '비유'가 바뀌면 어떻게 될까요? 따라 써 보세요.

 같은 뜻의 다른 속담 따라 쓰기

> 자랄 나무는 떡잎부터 알아본다.

❶ 열매 될 꽃은 첫 삼월부터 안다.

열매 될 꽃은 첫 삼월부터 안다.

❷ 푸성귀는 떡잎부터 알고 사람은 어렸을 때부터 안다.

푸성귀는 떡잎부터 알고 사람은 어렸을 때부터 안다.

❸ 용 될 고기는 모이 철부터 안다.

용 될 고기는 모이 철부터 안다.

TIP 연못에 사는 물고기가 승천해서 용이 된다고 하지요. 용이 될 물고기는 어렸을 때부터 알아볼 수 있다는 말로 '자랄 나무는 떡잎부터 알아본다'와 같은 의미의 속담이에요.

 **작은 고추가 더 맵다**

 겉모양이 작고 대수롭지 않아 보이지만 야무지고 다부진 것을 보고 쓰는 속담이에요.

 속담 속 '비유'를 생각하며 따라 써 보세요.

작	은		고	추	가		더		맵	다	.
작	은		고	추	가		더		맵	다	.

속담 속 '비유'를 생각하며 빈칸에 맞춰 써 보세요.

작은 고추가 더 맵다.

 속닥속닥 속담

일반적으로 고추는 크기가 작을수록 매운 성분이 많다고 해요. 풋고추보다 청양고추가, 청양고추보다 쥐똥고추가 더 매운 것처럼요. 그래서 몸집이 작은 사람이 큰 사람보다 재주가 뛰어나고 야무질 때 '작은 고추가 더 맵다'고 하지요.

속담 속 '비유'가 바뀌면 어떻게 될까요? 따라 써 보세요.

 같은 뜻의 다른 속담 따라 쓰기

작은 고추가 더 맵다.

1 고추보다 후추가 더 맵다.

고추보다 후추가 더 맵다.

> **TIP** 고추보다 더 작은 후추와 비교하여 같은 뜻을 나타낸 속담이에요.

2 후추는 작아도 진상에만 간다.

후추는 작아도 진상에만 간다.

> **TIP** 진상은 임금님이나 높은 사람에게 바치는 물건을 말해요. 옛날에는 후추가 귀해서 높은 사람들에게 바쳐졌다고 해요. 그래서 몸집은 작지만 훌륭한 구실을 하는 사람을 후추에 비유하지요.

153

89 재주는 곰이 넘고 돈은 주인이 받는다

수고해서 일한 사람은 따로 있는데 그 일의 대가는 다른 사람이 받는 경우에 쓰는 속담이에요.

 속담 속 '비유'를 생각하며 따라 써 보세요.

재	주	는		곰	이		넘	고		돈	은	V
주	인	이		받	는	다	.					
재	주	는		곰	이		넘	고		돈	은	
주	인	이		받	는	다	.					

✏️ 속담 속 '비유'를 생각하며 빈칸에 맞춰 써 보세요.

재주는 곰이 넘고 돈은 주인이 받는다.

 속닥속닥 속담

곰이 재주를 부려 사람들이 즐거워하면 돈을 받는 것은 곰의 주인이지요. 이렇게 고생해서 일한 대가를 다른 사람이 받을 때 쓰는 속담이에요.

 **90 제 눈에 안경이다**

 보잘 것 없는 물건이라도 자기 마음에 들면 좋아 보인다는 뜻이에요.

 속담 속 '비유'를 생각하며 따라 써 보세요.

제		눈	에		안	경	이	다	.		
제		눈	에		안	경	이	다	.		

 속담 속 '비유'를 생각하며 빈칸에 맞춰 써 보세요.

제 눈에 안경이다.

 속닥속닥 속담

시력이 나쁜 사람은 안경을 써야 해요. 그런데 안경은 저마다의 눈에 맞춰져 있어 눈이 좋은 사람에게는 아무 소용이 없지요. 다른 사람에게는 쓸모없거나 보잘 것 없어 보이는 것도 딱 맞는 사람에게는 무척 좋은 것이 될 때 쓰는 말이에요.

91 제비는 작아도 강남 간다

겉으로 보기에는 크지 않고 작아도 제 할 일은 다 한다는 뜻이에요.

 속담 속 '비유'를 생각하며 따라 써 보세요.

제	비	는		작	아	도		강	남		간
다	.										
제	비	는		작	아	도		강	남		간
다	.										

✏️ 속담 속 '비유'를 생각하며 빈칸에 맞춰 써 보세요.

제비는 작아도 강남 간다.

| |
| |
| |

속닥속닥 속담

제비는 철새로 봄에 우리나라에서 처마에 집을 짓고 살다가 가을에 남쪽으로 가지요. 이 속담에서 말하는 강남은 중국 양쯔 강의 남쪽을 말해요. 몸집이 작더라도 제 할 일을 다 하니 얕보지 말라는 뜻이 담겨 있어요.

156

속담 속 '비유'가 바뀌면 어떻게 될까요? 따라 써 보세요.

 같은 뜻의 다른 속담 따라 쓰기

제비는 작아도 강남 간다.

❶ 거미는 작아도 줄만 잘 친다.

거미는 작아도 줄만 잘 친다.

❷ 제비는 작아도 알만 낳는다.

제비는 작아도 알만 낳는다.

92 좋은 약은 입에 쓰다

유익한 충고나 좋은 말, 단점이나 잘못을 지적하는 말은 귀에 거슬리지만 잘 새겨 들으면 유익하다는 뜻으로 쓰이는 속담이에요.

 속담 속 '비유'를 생각하며 따라 써 보세요.

좋	은		약	은		입	에		쓰	다	.
좋	은		약	은		입	에		쓰	다	.

✏️ 속담 속 '비유'를 생각하며 빈칸에 맞춰 써 보세요.

좋은 약은 입에 쓰다.

속닥속닥 속담

약은 입에 쓰지만 몸에 들어가면 병을 치료해 주지요. 마찬가지로 유익한 충고나 잘못을 지적하는 말은 당장에 받아들이기 어렵지만 잘 새겨들으면 득이 된다는 의미입니다. 한자성어로는 '양약고구(良藥苦口)'라고 합니다.

속담 속 '비유'가 바뀌면 어떻게 될까요? 따라 써 보세요.

 같은 뜻의 다른 속담 따라 쓰기

좋은 약은 입에 쓰다.

❶ 입에 쓴 약이 병에는 좋다.

입에 쓴 약이 병에는 좋다.

❷ 꿀도 약이라 하면 쓰다.

꿀도 약이라 하면 쓰다.

TIP 원래 달콤한 꿀이지만 약으로 먹으려면 쓰게 느껴진다는 말로 자신에게 도움이 되는 충고라도 그 말이 듣기 싫다는 의미로 쓰여요.

93 중이 절 보기 싫으면 떠난다

어떤 조건이나 상황이 싫으면 싫은 사람이 떠나야 한다는 의미로 쓰여요.

 속담 속 '비유'를 생각하며 따라 써 보세요.

중	이		절		보	기		싫	으	면
떠	난	다	.							
중	이		절		보	기		싫	으	면
떠	난	다	.							

✏️ 속담 속 '비유'를 생각하며 빈칸에 맞춰 써 보세요.

중이 절 보기 싫으면 떠난다.

 속닥속닥 속담

절은 그 자리에 가만히 있는 것이고 중은 사람이니 움직일 수 있어요. 그래서 무엇이 싫어지면 싫어진 사람이 떠나라는 말로 쓰여요.

94 쥐구멍에도 볕 들 날 있다

아무리 고생만 하는 사람도 운수가 터져서 좋은 시기를 만날 때가 있다는 말로 계속 어렵기만 한 것은 없다는 의미로 쓰는 속담이에요.

 속담 속 '비유'를 생각하며 따라 써 보세요.

쥐	구	멍	에	도		볕		들		날	
있	다	.									
쥐	구	멍	에	도		볕		들		날	
있	다	.									

✏️ 속담 속 '비유'를 생각하며 빈칸에 맞춰 써 보세요.

쥐구멍에도 볕 들 날 있다.

쥐가 들락날락거리는 쥐구멍은 좁고 캄캄해서 빛이 들지 않아요. 이런 쥐구멍이라도 언젠가는 햇빛이 든다는 말은 당장은 고생이 심해도 언젠가는 좋은 때가 찾아온다는 것이지요.

95 짚신도 제짝이 있다

보잘 것 없는 사람도 다 어울리는 사람이 있다는 의미로 쓰여요.

 속담 속 '비유'를 생각하며 따라 써 보세요.

짚	신	도		제	짝	이		있	다	.	
짚	신	도		제	짝	이		있	다	.	

 속담 속 '비유'를 생각하며 빈칸에 맞춰 써 보세요.

짚신도 제짝이 있다.

속닥속닥 속담

옛날에는 짚으로 엮은 짚신이 제일 흔한 신발이었어요. 보잘 것 없고 흔한 짚신이라도 왼발과 오른발을 생각하며 만든 자기의 짝이 있다는 말이지요. 혼기가 늦어지는 사람에게 다 어울리는 사람이 나타날 거라 며 쓰는 말입니다. '고무신도 짝이 있다', '헌 짚신도 짝이 있다'로 바꿔 쓸 수 있어요.

96 천 리 길도 한 걸음부터

아무리 큰일도 작은 것에서부터 시작한다는 말로 작은 것부터 차근히 해 나가야 함을 이르는 말이에요.

 속담 속 '비유'를 생각하며 따라 써 보세요.

천	리		길	도		한		걸	음	부
터										
천		리		길	도		한		걸	음	부
터										

✎ 속담 속 '비유'를 생각하며 빈칸에 맞춰 써 보세요.

천 리 길도 한 걸음부터

 속닥속닥 속담

천 리라는 먼 길을 가려면 한 걸음부터 내딛어야 합니다. 이렇듯 큰일도 작은 데서부터 시작해야 함을 강조한 말입니다.

97 콩으로 메주를 쑨다 하여도 곧이듣지 않는다

아무리 사실대로 말해도 믿어 주지 않는 경우에 쓰는 말이에요.

 속담 속 '비유'를 생각하며 따라 써 보세요.

콩	으	로		메	주	를		쑨	다		하
여	도			곧	이	듣	지		않	는	다	.
콩	으	로		메	주	를		쑨	다		하
여	도			곧	이	듣	지		않	는	다	.

 속담 속 '비유'를 생각하며 빈칸에 맞춰 써 보세요.

콩으로 메주를 쑨다 하여도 곧이듣지 않는다.

속닥속닥 속담

메주의 주재료는 콩이지요. 그런데 콩으로 메주를 만든다고 해도 믿지 않는다고 해요. 거짓말을 많이 했거나 신뢰를 잃어 사실을 말해도 믿지 않는 경우에 쓰지요. 반대로 남을 너무 잘 믿는 경우에는 '팥으로 메주를 쑨대도 곧이듣는다.'고 해요.

164

속담 속 '비유'가 바뀌면 어떻게 될까요? 따라 써 보세요.

 '콩-메주-쑤다'를 바꾸어 따라 쓰기

> 콩으로 메주를 쑨다 하여도 곧이듣지 않는다.

❶ 쌀로 밥을 짓는다 하여도 곧이듣지 않는다.

> 쌀로 밥을 짓는다 하여도 곧이듣지 않는다.

>

❷ 밀로 빵을 굽는다 하여도 곧이듣지 않는다.

> 밀로 빵을 굽는다 하여도 곧이듣지 않는다.

>

TIP 옳은 말을 해도 믿지 않는다는 뜻이므로 '쌀-밥', '밀-빵' 등 원재료와 생산물이 올바르게 연결되어야 해요. 밥은 '짓다', 빵은 '굽다'와 연결되지요.

 **티끌 모아 태산**

 작은 것이라도 모이면 큰 것이 되는 경우에 쓰는 속담이에요.

 속담 속 '비유'를 생각하며 따라 써 보세요.

티	끌		모	아		태	산			
티	끌		모	아		태	산			

 속담 속 '비유'를 생각하며 빈칸에 맞춰 써 보세요.

티끌 모아 태산

속닥속닥 속담

티끌은 흙, 먼지, 모래, 가루처럼 아주 작은 부스러기들을 말해요. 이렇게 작은 부스러기들도 모으면 높고 큰 태산을 이룰 수 있다는 것을 표현하는 속담이에요.

속담 속 '비유'가 바뀌면 어떻게 될까요? 따라 써 보세요.

 같은 뜻의 다른 속담 따라 쓰기

티끌 모아 태산

1 개미 금탑 모으듯 한다.

개미 금탑 모으듯 한다.

TIP 개미처럼 성실히 재산을 모아서 나중에는 원하는 목표를 세운다는 의미예요.

2 낙숫물이 댓돌을 뚫는다.

낙숫물이 댓돌을 뚫는다.

99 피는 물보다 진하다

피를 나눈 혈육의 정이 무척 강하다는 의미로 쓰이는 속담이에요.

 속담 속 '비유'를 생각하며 따라 써 보세요.

피	는		물	보	다		진	하	다	.	
피	는		물	보	다		진	하	다	.	

✎ 속담 속 '비유'를 생각하며 빈칸에 맞춰 써 보세요.

피는 물보다 진하다.

 속닥속닥 속담

혈통은 속일 수 없고 혈육의 정은 다른 무엇보다 끈끈하다는 의미를 '피'에 빗대어 표현한 속담이에요. 이렇게 사물의 명칭을 직접 쓰지 않고 사물의 일부나 특징을 들어서 그 전체를 나타내는 것을 대유법이라고 해요. 피는 형제나 부모 자식 사이처럼 혈육을 의미하지요.

속담 속 '비유'가 바뀌면 어떻게 될까요? 따라 써 보세요.

 '피―물―진하다'처럼 대유법을 쓴 다른 문장 따라 쓰기

> 피는 물보다 진하다.

① 펜은 칼보다 강하다.

> 펜은 칼보다 강하다.

> 　

TIP 펜은 '지식, 학문, 사상'을 나타내고 있고, 칼은 '힘, 무력'을 나타내요. 학문의 힘이 무력의 힘보다 더 세다는 의미예요.

② 요람에서 무덤까지

> 요람에서 무덤까지

> 　

TIP 요람은 아기를 태워 달래는 물건이지요. 요람은 '탄생'을, 무덤은 '죽음'을 나타냅니다. 이 문장은 태어날 때부터 죽을 때까지 사회가 삶을 보장해야 한다는 의미로 쓰여요.

100 하늘이 무너져도 솟아날 구멍이 있다

아무리 어려운 경우에 처하더라도 살아 나갈 방법은 있다는 말로 힘든 상황에서도 방법을 생각하면 수가 생기니 너무 빨리 실망하거나 포기하지 말라는 뜻이지요.

 속담 속 '비유'를 생각하며 따라 써 보세요.

하	늘	이		무	너	져	도		솟	아	날	V
구	멍	이		있	다	.						
하	늘	이		무	너	져	도		솟	아	날	
구	멍	이		있	다	.						

✎ 속담 속 '비유'를 생각하며 빈칸에 맞춰 써 보세요.

하늘이 무너져도 솟아날 구멍이 있다.

속닥속닥 속담

하늘이 무너지는 아주 큰일이 생겼어요. 그러나 솟아날 구멍이 아주 작지만 있다고 해요. 즉 포기하지 않고 차분히 생각해 보면 방도가 반드시 있다는 말이지요. 어려운 일이 닥쳤을 때 너무 낙담하거나 포기하지 말고 찬찬히 방법을 찾아보라는 뜻이에요.

속담 속 '비유'가 바뀌면 어떻게 될까요? 따라 써 보세요.

 같은 뜻의 다른 속담 따라 쓰기

하늘이 무너져도 솟아날 구멍이 있다.

❶ 호랑이 굴에 들어가도 정신만 똑바로 차리면 산다.

호랑이 굴에 들어가도 정신만 똑바로 차리면 산다.

❷ 사람이 죽으란 법은 없다.

사람이 죽으란 법은 없다.

❸ 죽을 수가 닥치면 살 수가 생긴다.

죽을 수가 닥치면 살 수가 생긴다.

속담을 따라 쓰면 비유와 상징이 저절로!

국어왕 속담 따라 쓰기

펴낸날 2014년 5월 13일 초판 1쇄, 2024년 7월 8일 초판 8쇄
펴낸이 이재성 | **기획·편집** 고성윤 | **디자인** 이원자 | **영업·마케팅** 조광현, 김미랑 | **제작** 김정식
펴낸곳 루크하우스 | **주소** 서울시 서초구 사임당로 50 해양빌딩 504호 | **전화** 02)468-5057 | **팩스** 02)468-5051
출판등록 2010년 12월 15일 제2010-59호
www.lukhouse.com cafe.naver.com/lukhouse

ISBN 979-11-5568-426-9 63710

※ 잘못된 책은 구입처에서 바꾸어 드립니다.
※ 값은 뒤표지에 있습니다.

상상의집은 (주)루크하우스의 아동출판 브랜드입니다.